CÓMO ENSEÑAR A LEER A SU BEBÉ

GLENN DOMAN

Cómo enseñar a leer a su bebé

La Revolución Pacífica

comer

camión

bañera

saltar

fresas

zanahorias

her

edaf

MADRID - MÉXICO - BUENOS AIRES - SAN JUAN - SANTIAGO -
2010
http://www.edaf.net

Título original: HOW TO TEACH YOUR BABY TO READ. THE GENTLE REVOLUTION

© 2006. De la traducción: Arturo Tenacio Vara y Patricia Parrón
© 1990. Glenn Doman
© 2009. Editorial EDAF, S.L.U. Para la edición en español por acuerdo con Glenn Doman and Janet Doman. Wyndmoor, PA 19038 USA, The Institutes for the Achievement of Human Potential, 8801 Stenton Avenue, Philadelphia, PA 19118 USA.

Diseño de cubierta: David Reneses

Editorial Edaf, S. L.U.
Jorge Juan, 68. 280019 Madrid
http://www.edaf.net
edaf@edaf.net

Algaba Ediciones, S. A. de C. V.
Calle 21, Poniente 3323, entre la 33 Sur y la 35 Sur, Coloni Belisario Domínguez
Puebla, 72180, México
Tefl.: 52 22 22 11 13 87
edafmexicoclien@yahoo.com.mx

Edaf del Plata, S. A.
Chile, 2222
1227 Buenos Aires, Argentina.
edafdelplata@edaf.net

Edaf Antillas, Inc.
Avd. J. T. Piñero, 1594 - Caparra Terrace (00921-1413)
San Juan, Puerto Rico
edafantillas@edaf.net

Edaf Chile, S. A.
Coyancura, 2270, oficina 914, Providencia
Santiago, Chile
edafchile@edaf.net

7.ª edición, noviembre 2013

Depósito Legal: M-44.574-2011
ISBN: 978-84-414-2134-9

PRINTED IN SPAIN   IMPRESO EN ESPAÑA
Impreso por COFAS, S. A. -Móstoles- Cofas

Este libro está dedicado, con un gran res-
peto, a mi mujer, Katie Hazel Doman, quien,
formando a sus madres, ha enseñado a cientos
de niños de uno, dos y tres años con daño ce-
rebral a disfrutar de la lectura.

También está dedicado a cuatro hombres
que, cada uno a su manera, han hecho posible
este libro:

Samuel M. Henshaw
Vinton Clarke
Temple Fay
Jay Cooke

Ellos dejaron huellas gigantes allá donde
pisaron y profundas impresiones en nuestras
mentes y nuestros corazones.

Índice

Un comentario especial del autor respecto a esta nueva edición

STE libro vio la luz por primera vez en 1964. Desde entonces se han vendido más de dos millones de ejemplares en veinte idiomas y se sigue traduciendo a otros. Todas las cosas que dijimos en aquella edición original nos parecen tan verdaderas como hace un cuarto de siglo.

Solo ha cambiado una cosa. Hoy hay miles y miles de niños que aprendieron a leer a edades tempranas utilizando este libro. Como resultado de ello, cien mil madres nos han escrito contándonos el placer, la alegría y la emoción que han experimentado enseñando a leer a sus bebés. Nos han relatado sus experiencias, su júbilo y sus frustraciones ocasionales. Nos han descrito sus victorias y sus innovaciones. Y han hecho infinidad de preguntas profundas.

Estas 100.000 cartas contienen un tesoro escondido de conocimientos impagables y de espléndida reflexión sobre los niños pequeños. Constituyen también la mayor evidencia en la historia del mundo que prueba sin lugar a duda que los niños pequeños pueden aprender a leer, deberían aprender a leer, que están aprendiendo a leer, y lo que es más importante de todo, lo que les sucede cuando van al colegio y cuando crecen.

Este valioso volumen de conocimiento es lo que ha hecho a esta edición más que importante —vital— para la nueva generación de padres que tienen las vidas de sus hijos como principal prioridad.

El capítulo 7 está sustancialmente cambiado —no porque renuncie a los principios establecidos anteriormente, sino porque los afino a la luz de la vasta experiencia que dan los más de cien mil padres que han seguido estos principios.

El capítulo 8 es completamente nuevo y detalla una forma precisa de empezar con un niño a cada una de las edades significativas, o, dicho de otra forma: primera y segunda infancia*. Enumera los puntos fuertes y los puntos flacos de cada una de estas categorías y cómo aprovecharse de los puntos fuertes mientras se evitan los flacos.

El capítulo 9 es también completamente nuevo y responde a las dos preguntas que más se han cuestionado sobre la enseñanza de la lectura:

1. «¿Qué sucede con ellos cuando van al colegio?»
2. «¿Qué sucede con ellos cuando crecen?»

La mayoría de los padres hacen estas preguntas con alegría. Unos pocos las preguntan con tristeza. Aquí están las respuestas que los propios padres dan a estas preguntas. Y no se refieren a niños teóricos con problemas teóricos (que tanto gustan a los profesionales), se refieren a oportunidades completamente reales que se han proporcionado a niños completamente reales por padres espléndidos y completamente reales.

Si, después de todo este tiempo y la amplia experiencia, un padre pidiera un consejo en una frase muy corta, ese consejo sería: *Hazlo con alegría, ve como el viento y no lo examines.*

---

* Primera infancia: de un mes a 2,5 años. Segunda infancia: de 2,5 a 6 años.

Prólogo

COMENZAR un proyecto en investigación clínica es como subirse a un tren con destino desconocido. Está lleno de misterio y emoción, pero nunca sabes si irás en primera o tercera clase, si el tren tiene cafetería o no, si el viaje te costará barato o todo lo que llevas encima y, sobre todo, si vas a llegar donde te proponías o a un lugar extraño que nunca soñaste visitar.

Cuando los miembros de nuestro equipo se subieron a este tren en las diferentes estaciones, teníamos la esperanza de que nuestro destino fuera un mejor tratamiento para los niños con lesión cerebral severa. Ninguno de nosotros soñaba que, si conseguíamos ese objetivo, nos quedaríamos en el tren hasta llegar a algún lugar donde a los niños con lesión cerebral se les pudiera hacer —ni remotamente— superiores a los niños sin lesión cerebral.

El viaje hasta aquí ha durado veinte años, viajando en tercera, con una cafetería que servía prácticamente solo bocadillos, una noche tras otra, a las tres de la mañana muchas veces. Los billetes costaron todo lo que teníamos, algunos no logramos vivir lo suficiente para terminar el viaje, pero ninguno de nosotros se lo habría perdido por nada del mundo. Ha sido un viaje fascinante.

La lista original de pasajeros incluía a un neurocirujano, un fisiatra (un médico especializado en medicina física y rehabilitación), un fisioterapeuta, un terapeuta del lenguaje, un psicólogo, un educador y una enfermera. Ahora somos más de cien, con muchos otros especialistas.

El pequeño equipo original se formó porque cada uno de nosotros estaba a cargo, de forma individual, de alguna fase del tratamiento de niños con lesión cerebral severa —y cada uno de nosotros, de forma individual, estaba fracasando.

Si vas a elegir un ámbito creativo de trabajo, es difícil elegir uno con más posibilidades de mejora que aquel en el que el fracaso ha sido pleno y el éxito nulo.

Cuando empezamos a trabajar juntos hace cuarenta años *nunca habíamos visto u oído hablar de un niño con lesión cerebral que se hubiese recuperado.*

El grupo que formamos después de nuestros fracasos individuales hoy se le llamaría un equipo de rehabilitación. En aquella época, tan lejana, ninguna de esas palabras estaban de moda y nosotros no nos considerábamos tan importantes. Quizá nos veíamos de una forma más modesta y clara como personas que se habían reunido, como sucede con un convoy, esperando ser mejores juntos que por separado.

Empezamos atacando el problema fundamental al que se enfrentaron quienes trabajaban con niños con lesión cerebral hace cuatro décadas. Este problema era la *identificación.* Había tres tipos de niños con problemas muy diferentes a quienes invariablemente se los juntaba como si fueran iguales. El hecho es que eran tan diferentes como la noche y el día. En aquella época se les consideraba igual (y, trágicamente, aún se les considera igual en gran parte del mundo) por la única razón de que frecuentemente se parecen y a veces actúan de la misma forma.

Los tres tipos de niños considerados bajo un mismo tipo eran: los deficientes, con inteligencia cualitativa y cuantitativamente inferior; los psicóticos, con cerebros *sanos* pero mentes enfermas, y, por último, los niños con verdaderas lesiones cerebrales, niños con cerebros sanos pero que habían sufrido un daño físico.

Solo nos preocupaba el último tipo de niños, los que habían sufrido lesiones en cerebros completamente sanos en el momento de la concepción. Llegamos a aprender que aunque los niños con verdadera deficiencia mental y los realmente psicóticos eran pocos en comparación, a millones de ellos se les diagnosticaba, y se les diagnostica, como deficientes mentales o psicóticos, cuando en realidad eran niños con lesión cerebral. Por lo general, se les diagnosticaba mal, porque muchos de los niños con lesión cerebral la sufrían desde antes de nacer.

Cuando, después de muchos años de trabajo en el quirófano y junto a las camas, descubrimos qué niños sufrían realmente lesión cerebral, pudimos empezar a atacar el problema en sí: el cerebro dañado.

Descubrimos que importaba muy poco (salvo desde el punto de vista de la investigación) si un bebé había sufrido la lesión antes de nacer, en el momento de nacer o después de nacer. Esto era tanto como preocuparse porque un niño hubiese sido golpeado por un automóvil antes del mediodía, a mediodía o por la tarde. Lo que importaba era qué parte de su cerebro estaba dañada, cuánto se había dañado y qué podía hacerse para recuperarlo.

Más aún, descubrimos que no era muy importante si el cerebro del niño se había dañado porque sus padres tuviesen un factor de Rh incompatible, porque la madre hubiese padecido una enfermedad infecciosa durante el embarazo —como la rubéola— durante los primeros tres meses de embarazo, porque el cerebro del niño hubiese recibido poco oxígeno durante el periodo prenatal o porque hubiese nacido prematuramente. El cerebro también puede ser dañado por un parto prolongado, por una caída en la que se golpee la cabeza a los dos meses de edad y que provocara coágulos en el cerebro, por fiebre muy alta a causa de una encefalitis a los tres años de edad, o por cientos de factores más.

De nuevo, aunque esto era significativo desde el punto de vista de la investigación, era tanto como preocuparse por saber si el niño había sido golpeado por un automóvil o un martillo. Lo importante era saber qué parte del cerebro del niño estaba dañado, en qué medida y qué haríamos al respecto.

En aquella época quienes trataban a los niños con lesión cerebral opinaban que los problemas de estos niños tal vez podrían solucionarse tratando los síntomas que se manifestaban en los oídos, los ojos, la nariz, la boca, el tórax, los hombros, los codos, las muñecas, las caderas, las rodillas, los tobillos y los dedos de las manos y de los pies. Una gran parte del mundo aún lo cree.

Tal método no funcionó entonces y ni remotamente podría funcionar.

Debido a esta falta total de éxito, decidimos que si íbamos a resolver los múltiples síntomas de los niños con lesión cerebral, tendríamos que abordar la fuente del problema y centrarnos en el cerebro humano en sí.

Si bien al principio esta parecía una tarea imposible o por lo menos gigantesca, durante los años siguientes otras personas y nosotros encontramos métodos quirúrgicos y no quirúrgicos de tratamiento del cerebro.

Sosteníamos la firme creencia de que tratar los síntomas de una enfermedad o lesión y esperar que la enfermedad desapareciese carecía de fundamento médico, científico y racional, y si todas estas razones eran insuficientes para que abandonásemos dicho procedimiento, quedaba el hecho elemental de que los niños con lesión cerebral tratados de esa manera nunca sanaban.

Por el contrario, sentíamos que si pudiéramos abordar el origen del problema, los síntomas desaparecerían espontáneamente en proporción al éxito que tuviéramos en tratar la lesión en el cerebro mismo.

Primero abordamos el problema desde un punto de vista no quirúrgico. Durante los años siguientes nos convencimos de que si queríamos tener esperanzas de curar el cerebro lesionado, tendríamos que reproducir de alguna forma los modelos de crecimiento neurológico del niño sano. Esto implicaba comprender cómo se origina, crece y madura un cerebro sano. Estudiamos atentamente a cientos de bebés, infantes y niños sanos. Los estudiamos con sumo cuidado.

Conforme aprendíamos lo que era y significaba el crecimiento de un cerebro normal, empezamos a descubrir que actividades básicas conocidas desde hace mucho tiempo en niños sanos, como arrastrarse y gatear, son de máxima importancia para el cerebro. Descubrimos que si dichas actividades se les niegan por factores culturales, ambientales o sociales, su potencial se ve gravemente limitado. El potencial de los niños con lesión cerebral queda aún más afectado.

A medida que aprendíamos más sobre las maneras de reproducir este modelo físico de crecimiento normal, empezamos a ver mejoría, si bien muy poca, en niños con lesión cerebral.

Por esta época, los neurocirujanos de nuestro equipo empezaron a comprobar sin lugar a dudas que la respuesta estaba en el cerebro mismo, al desarrollar tratamientos quirúrgicos acertados. Había niños con ciertos tipos de lesión cerebral de naturaleza progresiva y, como consecuencia de ello, morían prematuramente, sobre todo los niños hidrocefálicos, con «agua en el cerebro». Estos niños desarrollaban cabezas enormes debido a la presión del fluido cefalorraquídeo que no se reabsorbía de manera normal a causa de sus lesiones. Sin embargo, el fluido se continuaba creando como en la gente normal.

Nunca había sido alguien tan tonto como para tratar de curar los síntomas de esta enfermedad con masajes, ejercicios o aparatos ortopédicos. Según aumentaba la presión en el cerebro, estos niños morían de forma invariable. Nuestro neurocirujano, trabajando con un ingeniero, inventó un tubo que llevaba el exceso de líquido cefalorraquídeo desde los depósitos llamados ventrículos, ubicados dentro del cerebro humano, hasta la vena yugular y, por tanto, a la corriente sanguínea, donde podía ser reabsorbido de manera normal. Este tubo contenía una ingeniosa válvula que permitía extraer el exceso de fluido al mismo tiempo que evitaba que la sangre fluyera indebidamente hacia el cerebro.

Este dispositivo casi mágico era implantado quirúrgicamente en el cerebro y se llamaba «derivación V-J». En la actualidad hay veinticinco mil niños que no estarían vivos si no fuese por este sencillo tubo. Muchos hacen vidas totalmente normales y van a la escuela con niños sanos.

Esa fue una magnífica prueba de la inutilidad de intentar curar centrándose en los síntomas, así como de la lógica contundente de centrarse en el tratamiento del cerebro dañado.

Otro método sorprendente servirá como ejemplo de las múltiples clases de neurocirugía cerebral satisfactoria que se realizan ahora para resolver los problemas de los niños con lesión cerebral.

Realmente hay dos cerebros, el derecho y el izquierdo. Se dividen exactamente en la mitad de la cabeza desde la parte anterior hasta la posterior. En las personas sanas el cerebro derecho (o, si se prefiere, la mitad derecha del cerebro) controla el lado izquierdo del cuerpo, mientras que la mitad izquierda controla el lado derecho.

Si una mitad del cerebro se daña en una cuantía importante, los resultados son catastróficos. El lado opuesto del cuerpo se paraliza y todas las funciones del niño se restringen severamente. Muchos de estos niños padecen constantes ataques convulsivos que no responden a ningún medicamento conocido.

Sobra decir que estos niños también mueren.

El antiguo lamento de aquellos que opinaban que no se podía hacer nada se repitió una y otra vez durante décadas. «Cuando muere una célula cerebral, muere irremediablemente, y no se puede hacer nada por los niños con células cerebrales muertas, así que ni lo intente.» Pero allá por 1955 los neurocirujanos de nuestro equipo estaban realizando en estos niños un tipo de cirugía casi increíble; se llama *hemisferoctomía*.

La hemisferoctomía es exactamente lo que el nombre indica —la extracción quirúrgica de la mitad del cerebro humano.

Ahora veíamos niños con la mitad del cerebro en su cabeza y con la otra mitad, miles de millones de células cerebrales, en un frasco en el hospital —muertas y extirpadas—. Pero los niños no estaban muertos.

En su lugar contemplábamos niños con solo la mitad de su cerebro que caminaban, hablaban e iban al colegio como los otros niños. *Varios estaban por encima de la media, y al menos uno de ellos tenía un coeficiente intelectual —CI— en las puntuaciones de genio o superdotado.*

Ahora era evidente que si una mitad del cerebro de un niño estaba seriamente dañada, importaba poco lo bien que estuviera la otra mitad mientras que la mitad dañada permaneciera. Si, por ejemplo, dicho niño sufriera convulsiones causadas por el cerebro izquierdo dañado, no podría demostrar su función, o inteligencia, hasta que esa mitad fuese extirpada para permitir al cerebro derecho intacto tomar control absoluto de todas las funciones sin interferencias.

Durante mucho tiempo habíamos sostenido, contra la creencia popular, que un niño puede tener diez células cerebrales muertas sin que nos enterásemos. Quizá, decíamos, tenga cien células muertas y no nos demos cuenta. Tal vez, comentábamos, incluso mil.

Ni en nuestros más locos sueños nos atrevimos a creer que un niño podía tener miles de millones de células cerebrales muertas y, sin embargo, rindiese casi tan bien —y a veces mejor— que la media.

Ahora el lector debe especular con nosotros. Por cuánto tiempo podríamos mirar a Johnny, a quien se le había extirpado la mitad de su cerebro, y ver que su rendimiento era tan bueno como el de Billy, que tenía un cerebro intacto, sin hacerse esta pregunta: «¿Qué le pasa a *Carlos*?» ¿Por qué Carlos, que tenía el doble de cerebro que Juan, no lo doblaba en su rendimiento o, por lo menos, lo superaba?

Después de haber visto este tipo de situaciones una y otra vez, comenzamos a hacernos preguntas sobre los niños promedio.

¿Rendían los niños promedio tanto como podían? He aquí una importante pregunta que nunca habíamos soñado hacer.

Mientras tanto, los miembros no cirujanos de nuestro equipo habían adquirido mucho mayor conocimiento sobre cómo crecen y se desarrollan los cerebros de dichos niños. Conforme aumentaba nuestro conocimiento sobre la normalidad, nuestros sencillos métodos para reproducir esa normalidad en los niños con lesión cerebral se mantuvieron a buen ritmo. Para entonces empezábamos a ver que un pequeño número de niños con lesión cerebral alcanzaba la normalidad con sencillos métodos de tratamiento no quirúrgicos, que constantemente evolucionaban y mejoraban.

La finalidad de este libro no es detallar los conceptos ni los métodos utilizados para resolver los múltiples problemas de los niños con lesión cerebral. Otros libros ya publicados analizan el tratamiento de los niños con lesión cerebral. Sin embargo, el hecho de que esto se esté logrando diariamente es importante para comprender el camino que nos condujo al conocimiento de que los niños sanos pueden rendir infinitamente más de lo que rinden. Basta decir que se aplicaron técnicas sumamente sencillas en los niños con lesión cerebral para reproducir en ellos los modelos de desarrollo normal.

Por ejemplo, cuando un niño con daño cerebral no se puede mover correctamente, se le conduce, en una secuencia progresiva, por las etapas del crecimiento que siguen los niños sanos. Primero se les ayuda a mover los brazos y las piernas, después a arrastrarse, luego a gatear y finalmente a caminar. Se les ayuda físicamente a practicar estos ejercicios en una secuencia planeada. Avanzan por estas etapas de forma progresiva, de la misma manera que un niño avanza en los cursos escolares, y se les proporcionan infinitas oportunidades para que practiquen estas actividades.

Pronto empezamos a ver niños con lesiones cerebrales graves cuyo rendimiento rivalizaba con el de niños que no habían sufrido lesiones.

Conforme mejoraban estas técnicas, empezamos a ver niños con lesión cerebral que no solo rendían tan bien como los niños sanos, sino que, de hecho, no se diferenciaban de ellos.

A medida que nuestra comprensión del crecimiento neurológico y de la normalidad empezaba a perfilar un modelo verdaderamente claro, y conforme los métodos de definición de la normalidad se multiplicaban, *empezamos a ver niños con lesión cerebral que rendían por encima de la media o, incluso, a niveles superiores.*

Fue increíblemente emocionante. Incluso daba un poquito de miedo. Parecía claro que habíamos subestimado, muy por debajo, el potencial de todos los niños.

De aquí surgió una pregunta fascinante. Supongamos que observamos a tres niños de siete años: Alberto, que tenía la mitad de su cerebro en el frasco; Luis, que tenía un cerebro perfectamente normal, y Alex, que había recibido tratamiento no quirúrgico y ahora rinde de manera totalmente normal, aunque todavía tenga millones de células muertas en su cerebro.

Alberto, sin la mitad de su cerebro, era tan inteligente como Luis. Y también Alex, con millones de células muertas en su cerebro.

¿Qué le pasaba al bueno de Luis, un niño promedio y sin lesión cerebral? ¿Qué les pasaba a los niños sanos?

Durante años nuestro trabajo había estado cargado de la emoción que se siente antes de los grandes acontecimientos y de los grandes descubrimientos. A lo largo de los años la espesa nube de misterio que rodeaba a nuestros niños con lesión cerebral se había ido disipando. También empezamos a ver otros hechos que no habíamos buscado. Eran hechos sobre los niños sanos. Una conexión lógica había surgido entre los niños con lesión cerebral (y, por tanto, neurológicamente desorganizados) y los niños sanos (y, por tanto, neurológicamente organizados), donde antes solo había hechos inconexos y disociados sobre los niños sanos. Esa secuencia lógica, conforme surgía, señalaba insistentemente el camino por el cual podríamos cambiar al ser humano en sí mismo —y para mejor—. ¿Era la organización neurológica que exhibía el niño promedio el final del camino?

Ahora que teníamos a niños con lesión cerebral rindiendo tan bien o mejor que los niños promedio, la posibilidad de que el camino se ampliara más aún se podía ver claramente.

Siempre se había asumido que el crecimiento neurológico y su producto final, la habilidad, era una realidad estática e irrevocable: este niño era capaz y ese no. Este niño era brillante y aquel no.

Nada más lejos de la realidad.

La realidad es que el crecimiento neurológico, considerado siempre un hecho estático e irrevocable, es un proceso dinámico en cambio continuo.

En el niño con lesión cerebral grave vemos que el proceso de crecimiento neuronal está completamente obstruido.

En el niño «retrasado» vemos este proceso de crecimiento neurológico considerablemente lentificado. En el niño promedio ocurre a un ritmo promedio, y en el niño superdotado, a una velocidad superior a la media. Ya nos habíamos dado cuenta de que el niño con lesión cerebral, el niño promedio y el niño superdotado no son tres tipos diferentes de niños, sino que representan un continuo que va desde la extrema desorganización neurológica que la lesión cerebral produce, pasando por una más moderada desorganización neurológica causada por una leve o moderada lesión cerebral, seguido de una cantidad media de organización neurológica que el niño promedio exhibe, hasta el alto grado de organización neurológica que un niño superdotado muestra de forma invariable.

En los niños con lesión cerebral grave habíamos tenido éxito al reiniciar este proceso que se había obstruido, y en el niño «retrasado» lo habíamos acelerado.

Estaba claro que este proceso de crecimiento neurológico se podía *acelerar* de la misma forma que demorar.

Tras lograr repetidamente que los niños con lesión cerebral grave y desorganización neurológica tuvieran una organización neurológica normal o incluso superior mediante las sencillas técnicas no quirúrgicas que habíamos desarrollado, teníamos sobradas razones para creer que estas mismas técnicas podían servir para mejorar la organización neurológica de los niños normales. Una de estas técnicas consiste en enseñar a leer a niños muy pequeños con lesión cerebral.

No se puede poner de manifiesto de forma más clara la capacidad para aumentar la organización neurológica que cuando uno enseña a leer a un niño sano.

Una nota para los padres

L EER es una de las funciones más elevadas del cerebro humano; de todas las criaturas sobre la faz de la tierra, solo las personas pueden leer.

Leer es una de las funciones más importantes de la vida, dado que prácticamente todo aprendizaje se basa en la habilidad para leer.

Es verdaderamente sorprendente que hayamos tardado tantos años en darnos cuenta de que cuanto más temprano aprende un niño a leer, más fácilmente y mejor leerá.

Los niños pueden leer palabras cuando tienen un año, frases cuando tienen dos, y libros enteros cuando tienen tres, y les encanta.

Tardamos mucho tiempo en darnos cuenta de que poseen esta habilidad y por qué la tienen.

Aunque realmente no empezamos a enseñar a leer a niños pequeños en Los Institutos hasta 1961, la comprensión de las funciones del cerebro humano (que era necesaria para indicar la posibilidad de que esto se podía hacer) le llevó veinte años a todo un equipo de diferentes especialistas.

Este equipo de pediatras evolucionistas, médicos, educadores, especialistas en la enseñanza de la lectura, neurocirujanos y psicólogos había comenzado su trabajo con niños con lesión cerebral, y esto los condujo a muchos años de estudio sobre el desarrollo del cerebro de un niño sano. Esto, a su vez, llevó a nueva y sorprendente información sobre cómo aprenden los niños, qué aprenden y *qué pueden llegar a aprender.*

Cuando el equipo había visto leer a muchos niños con lesión cerebral, y leer bien, con tres años o menos, era obvio que algo iba mal con lo que estaba sucediendo —a los niños *sanos.* Este libro es uno de los resultados que conseguimos.

Lo que este libro dice es precisamente lo que hemos estado diciendo a los padres de niños con lesión y niños sanos desde 1961. Los resultados de decírselo han sido de lo más gratificante tanto para los padres de esos niños como para nosotros.

Este libro se ha escrito por la insistencia de esos padres, que querían en un libro lo que les habíamos contado para ellos mismos y para otros padres.

1

Los hechos y Tommy

Te he estado diciendo que puede leer.

MR. LUNSKI

E sta Revolución Pacífica empezó de manera espontánea. Lo extraño es que, al final, surgió por casualidad. Los niños, que *son* los revolucionarios pacíficos, no sabían que podrían leer si se les proporcionaban los medios, y los adultos del mundo de la televisión, quienes finalmente se los proporcionaron, tampoco sabían que los niños tenían esa capacidad ni que la televisión les daría los medios que provocarían la Revolución Pacífica.

La falta de medios es la razón por la que tardó tanto en ocurrir, pero ahora que está aquí, nosotros los padres debemos convertirnos en cómplices para impulsar esta magnífica revolución, no para hacerla menos pacífica, sino más rápida, de manera que los niños puedan recoger sus frutos.

Es realmente sorprendente que el secreto no haya sido descubierto por los niños mucho antes. Es un enigma que ellos, con toda su genialidad —porque son realmente brillantes— no lo comprendieran.

La única razón por la que los adultos no han desvelado el secreto a los niños de dos años es porque ellos tampoco lo sabían. Si lo hubiésemos sabido, jamás habríamos permi-

tido que permaneciera en secreto, pues es demasiado importante tanto para los niños como para nosotros los adultos.
El problema es que hemos hecho la letra demasiado pequeña.

El problema es que hemos hecho la letra demasiado pequeña.
El problema es que hemos hecho la letra demasiado pequeña.
El problema es que hemos hecho la letra demasiado pequeña.

Es incluso posible hacer la letra demasiado pequeña para que el sofisticado canal visual del adulto —que incluye el cerebro— la lea.

Es casi imposible hacer la letra demasiado grande para leerla. Pero *sí* es posible hacerla demasiado pequeña, y eso es justo lo que hemos hecho.

El inmaduro canal visual —que va desde el ojo hasta las áreas visuales del cerebro mismo— de los niños de uno, dos y tres años simplemente no puede diferenciar una palabra de otra.

Pero ahora, como mencionamos anteriormente, la televisión nos ha revelado todo el secreto, a través de los anuncios. El resultado es que cuando el hombre en la televisión dice *Repsol, Repsol, Repsol,* con una voz clara y agradable, y la pantalla de la televisión muestra la palabra **REPSOL** con letras agradables, grandes y claras, todos los niños aprenden a reconocer la palabra —y eso que no se saben el abecedario.

Y es que en realidad los bebés pueden aprender a leer. Se puede afirmar con toda seguridad que particularmente los niños muy pequeños pueden leer, *siempre y cuando*, al principio, se hagan las letras muy grandes.

Pero ya sabemos esas dos cosas.

Ahora ya sabemos que tenemos que hacer algo al respecto, porque lo que sucederá cuando enseñemos a leer a todos los niños pequeños será muy importante para el mundo. Pero ¿no es más fácil para un niño entender una palabra hablada mejor que una escrita? En absoluto. El cerebro del niño, que es el único órgano con capacidad para aprender, «oye» las nítidas palabras de la televisión a través del oído y las interpreta solo como el cerebro puede hacerlo. De forma simultánea, el cerebro del niño «ve» las grandes y claras palabras de la televisión a través de su ojo y las interpreta exactamente de la misma manera.

Para el cerebro no hay diferencia entre «tener algo a la vista» u «oír un sonido». Puede entender ambas cosas igual de bien. Todo lo que se requiere es que los sonidos sean suficientemente altos y claros para que el oído pueda escucharlos, y las palabras suficientemente grandes y claras para que el ojo pueda verlas para que el cerebro las interprete —lo primero lo hemos hecho, pero en lo segundo hemos fallado.

La gente probablemente siempre ha hablado a los niños en un tono de voz más alto que a los adultos, y probablemente sigamos haciéndolo, y dándonos cuenta de forma instintiva que los niños no pueden oír y a la vez comprender los tonos normales de la conversación adulta.

Nadie se imagina hablando con un niño de un año en un tono de voz normal —casi todos le hablaríamos en voz alta.

Intenta hablar con un niño de dos años con un tono de conversación y casi con toda seguridad él ni te oirá ni te comprenderá. Es probable que si está de espaldas ni siquiera te preste atención.

Incluso a un niño de tres años, si se le habla en tono de conversación, es improbable que comprenda o ni siquiera preste atención si en la misma habitación hay sonidos o conversaciones que interfieran.

Todos hablamos en voz alta a los niños, y cuanto más pequeños son más alto les hablamos.

Imaginemos que los adultos hubiéramos decidido hace mucho hablar con un volumen lo suficientemente bajo para que ningún niño pudiese oírlo y comprenderlo. Imaginemos, sin embargo, que esos sonidos tuviesen el volumen suficiente para que su canal auditivo se hubiese desarrollado para oír y comprender los sonidos suaves cuando tuviera seis años.

Bajo estas circunstancias, a los niños de seis años les haríamos pruebas de «agudeza auditiva». Si viéramos que el niño podía oír pero no comprender las palabras (algo que con toda seguridad ocurriría, pues su canal auditivo no podía distinguir los sonidos suaves hasta ahora), es posible que le introdujéramos en el mundo del lenguaje escrito diciéndole la letra A, después la B, y así sucesivamente hasta que aprendiese el abecedario, antes de que empezáramos a enseñarle cómo suenan las palabras.

Uno llega a la conclusión de que probablemente habría una gran cantidad de niños con problemas para «oír» palabras y frases, y quizá también habría un libro muy famoso que se titulase *¿Por qué Juan no puede oír?*

Lo dicho anteriormente es precisamente lo que hemos hecho con el lenguaje escrito. Lo hemos hecho demasiado pequeño para que el niño lo «vea y comprenda».

Pero ahora hagamos otra suposición.

Si hubiéramos hablado en susurros mientras escribíamos palabras y frases largas, los niños pequeños serían capaces de leer pero incapaces de comprender el lenguaje verbal.

Ahora supongamos que introdujéramos la televisión con sus grandes palabras escritas y sus correspondientes habladas en voz alta. Naturalmente que todos los niños podrían leer las palabras, pero también habría muchos niños que empezarían a comprender la palabra hablada a la sorprendente edad de dos o tres años.

¡Exactamente eso, pero a la inversa, es lo que está sucediendo con la lectura!

La televisión nos ha enseñado muchas otras cosas interesantes sobre los niños. La primera es que ven sobre todo «programas para niños», sin prestar atención de forma constante; pero como todo el mundo sabe, cuando llegan los anuncios, los niños corren a la televisión para *oír* y *leer* el contenido de los productos y lo que se supone que hacen. La cuestión no es si los anuncios están a la altura de los niños de dos años, ni si la gasolina o lo que contenga tiene alguna fascinación especial para ellos, porque no la tiene.

La verdad es que los niños pueden *aprender* de los anuncios con su mensaje repetido suficientemente grande, alto y claro, y que todos tienen un gran deseo por aprender. Prefieren aprender algo a estar simplemente entretenidos por un personaje cómico —y esa es una realidad. Como resultado de eso, cuando van en el coche leen alegremente cualquier tipo de cartel publicitario —y esa es una realidad.

No hay ninguna necesidad de preguntar: «*¿Pueden los niños pequeños aprender a leer?*». Ya han respondido a eso. *Por supuesto que sí.* La pregunta debería ser: «*¿Qué* queremos que lean los niños?*». ¿Deberíamos limitar su lectura a los nombres de los productos y a las rarísimas sustancias químicas que contienen, o deberíamos permitirles leer algo que enriquezca sus vidas y que pudiera ser parte de un centro cultural en vez de un centro comercial?

Echemos un vistazo a todos los hechos básicos.

1. Los niños pequeños *quieren* aprender a leer.
2. Los niños pequeños *pueden* aprender a leer.
3. Los niños pequeños están aprendiendo a leer.
4. Los niños pequeños *deberían* aprender a leer.

Dedicaré un capítulo a cada uno de estos cuatro hechos. Cada uno de ellos es cierto y sencillo. Quizá eso haya sido una gran parte del problema. *Hay pocas máscaras que sean más difíciles de desentrañar que el engañoso manto de la sencillez.*

Fue probablemente semejante simplicidad la que dificultó que comprendiéramos, o incluso creyéramos, la absurda historia que el señor Lunsky nos contó acerca de Tommy.

Es extraño que tardáramos tanto tiempo en prestar alguna atención al señor Lunsky, porque cuando por primera vez vimos a Tommy en Los Institutos ya éramos perfectamente conscientes de todo lo que necesitábamos saber para comprender lo que le sucedía a Tommy.

Tommy era el cuarto niño de la familia Lunsky. Los padres no habían tenido una gran educación y habían trabajado mucho para mantener a sus tres hijos normales. En la época en la que Tommy nació, el señor Lunsky tenía su propio bar y les iba mejor.

Sin embargo, Tommy nació con lesión cerebral severa. Cuando tenía dos años, lo admitieron para hacerle un examen neurológico en un buen hospital en Nueva Jersey. El día en que dieron el alta a Tommy, el jefe de neurocirugía tuvo una conversación sincera con el señor y la señora Lunsky. El doctor les explicó que los estudios mostraban que Tommy era un niño que únicamente tenía vida vegetativa, que nunca caminaría o hablaría y que, por consiguiente, debería ser ingresado en una institución de por vida.

Toda la determinación polaca del señor Lunski reforzó la testarudez norteamericana cuando puso de pie su gran cuerpo, se ajustó su gran cinturón y dijo: «Doctor, está usted completamente confundido. Se trata de *nuestro* hijo».

Los Lunski se pasaron muchos meses buscando a alguien que les dijera que eso no tenía que ser necesariamente así. Todas las respuestas fueron iguales.

Cuando Tommy cumplió tres años, ya habían encontrado al doctor Eugene Spizt, jefe de Neurocirugía del Hospital Infantil de Filadelfia.

Después de hacer minuciosos estudios neuroquirúrgicos, el doctor Spitz les dijo a sus padres que aunque Tommy tenía un daño cerebral severo, quizá se pudiera hacer algo por él en un grupo de instituciones en una zona de las afueras llamada Chesnut Hill.

Tommy llegó a Los Institutos para el Logro del Potencial Humano cuando tenía tres años y dos semanas. No podía hablar ni moverse.

Su lesión cerebral y los problemas resultantes fueron evaluados en Los Institutos. Se le prescribió un tratamiento que reprodujera la pauta de desarrollo de crecimiento normal en niños sanos. Se formó a los padres en cómo llevar a cabo este programa en casa y se les dijo que si lo cumplían escrupulosamente Tommy mejoraría mucho. Debían regresar en sesenta días para una reevaluación y, si Tommy mejoraba, para una revisión del programa.

No había duda de que los Lunski seguirían el programa estricto. Lo siguieron religiosamente.

Cuando regresaron para la segunda visita, Tommy podía gatear.

Ahora los Lunski abordaban el problema con la energía que da el éxito. Estaban tan decididos que cuando su coche se estropeó de camino a Filadelfia para la tercera visita, sencillamente se compraron un coche de segunda mano para atender la cita.

No se podían resistir a contarnos que Tommy podía decir ya sus dos primeras palabras —«Papi» y «Mami»—. Tommy tenía ahora tres años y medio y podía gatear con las manos y las rodillas. Entonces, su madre probó algo que solo una madre intentaría con un niño como Tommy. De la misma manera que un padre compra un balón de fútbol para su hijito, la madre compró un libro con el abecedario para su hijo de tres años y medio con lesión cerebral severa que solo decía dos palabras. Tommy, decía ella, era un niño muy brillante, independientemente de que pudiera hablar y caminar. ¡Cualquiera con un poco de sentido común podía verlo simplemente mirándole los ojos!

Si bien por aquel entonces nuestros tests de inteligencia para niños con lesión cerebral eran mucho más complejos que los de la señora Lunski, su precisión era parecida. Estábamos de acuerdo en que Tommy tenía una buena inteligencia, pero enseñar a leer a un niño de tres años y medio con lesión cerebral severa, eso era otra historia.

Prestamos muy poca atención cuando la señora Lunski nos comentó que Tommy, por entonces ya con cuatro años, podía leer *todas* las *palabras* en el libro del abecedario con más facilidad de lo que podía leer las letras. Nosotros estábamos más preocupados y complacidos con su habla, que progresaba de forma constante, así como con su movilidad física.

Cuando Tommy tenía cuatro años y dos meses, su padre nos informó de que el niño podía leer un libro que se llamaba *Huevos verdes y jamón,* del doctor Seuss. Sonreímos educadamente y anotamos lo meritoriamente que el habla y el movimiento de Tommy estaban progresando. Cuando Tommy tenía cuatro años y seis meses, el señor Lunski nos informó que Tommy podía leer todos los libros del doctor Seuss. Anotamos en la ficha que estaba progresando maravillosamente y que el señor Lunski «decía» que Tommy podía leer.

Cuando Tommy vino para su decimoprimera visita, acababa de cumplir cinco años. Aunque tanto nosotros como el doctor Spitz estábamos encantados con sus fabulosos avances, nada indicaba que iba a ser un día tan importante para todos los niños. Es decir, nada, excepto el insensato informe de siempre del señor Lunski. Tommy, nos informó el señor Lunski, ahora podía leer cualquier cosa, hasta el *Reader's Digest,* e incluso podía comprenderlo, pero es que además había empezado a hacerlo antes de cumplir cinco años.

Nos libramos de tener que comentar esto porque llegó el cocinero con nuestra comida —zumo de tomate y una hamburguesa. El señor Lunski, dándose cuenta de nuestra falta de respuesta, tomó un trozo de papel de la mesa y escribió: «A Glenn Doman le gusta beber zumo de tomate y comer hamburguesas».

Tommy, siguiendo las instrucciones de su padre, leyó esto fácilmente y con las entonaciones e inflexiones adecuadas. No vaciló como los niños de siete años, que leen cada palabra por separado sin comprender el sentido de la frase.

«Escriba otra frase», dijimos pausadamente.

El señor Lunski escribió: «Al papá de Tommy le gusta beber cerveza y güisqui. Tiene una barriga grande y gorda de beber cerveza y güisqui en la Taberna de Tommy».

Tommy solo había leído las tres primeras palabras en voz alta cuando se empezó a reír. Lo curioso era que la barriga de papá estaba en la cuarta línea, ya que el señor Lunski escribió letras grandes.

Este niño con lesión cerebral severa estaba leyendo mucho más deprisa de lo que pronunciaba a su velocidad normal de conversación. ¡Tommy no solo estaba leyendo, estaba leyendo deprisa y su comprensión era evidente! Se nos quedó cara de tontos. Nos giramos hacia el señor Lunski.

«Les he estado diciendo que puede leer», dijo el señor Lunski.

Después de aquel día ninguno de nosotros volvió a ser el mismo, pues esta era la última pieza del puzle que se había estado encajando durante más de veinte años.

Tommy nos había enseñado que un niño con lesión cerebral severa puede aprender a leer antes de lo que suelen aprender los niños normales.

Tommy, por supuesto, fue inmediatamente sometido a todo tipo de pruebas por un grupo de expertos que vinieron de Washington para este tema la semana siguiente. Tommy —un niño con lesión cerebral severa y cinco años— podía leer mejor que la media de niños normales con el doble de años —y con una comprensión total.

Cuando Tommy tenía seis años caminaba, aunque esto era relativamente nuevo para él, y aún temblaba un poco y leía a nivel de sexto grado (nivel de niño de once a doce años). Tommy no pasaría el resto de su vida en una institución, pero sus padres estaban buscando una escuela «especial» en la que matricular a Tommy el próximo curso. Es decir, especialmente *alta,* no especialmente *baja.* Afortunadamente, ahora hay algunas escuelas experimentales para niños «superdotados» excepcionales. Tommy ha tenido la dudosa «dote» de una lesión cerebral severa y la indudable dote de unos padres que lo quieren a rabiar y que creyeron que al menos un niño no estaba utilizando todo su potencial.

Finalmente, Tommy sirvió de catalizador de veinte años de estudio. Tal vez sería más preciso decir que fue el detonador de una carga explosiva que se había estado fortaleciendo durante veinte años.

Lo fascinante era que Tommy *deseaba* leer y que lo disfrutaba tremendamente.

2

Los niños pequeños quieren aprender a leer

Me ha vencido. No hemos podido evitar que lea desde que tenía tres años.

SEÑORA GILCHRIST, MADRE DE LA PEQUEÑA MARY, DE CUATRO AÑOS. *Newsweek*

NUNCA ha existido, en la historia de la humanidad, un científico adulto que haya sido la mitad de curioso que cualquier niño que tenga una edad entre dieciocho meses y cuatro años. Nosotros, los adultos, hemos confundido esta extraordinaria curiosidad por todo con una falta de habilidad para concentrarse.

Por supuesto que hemos observado a nuestros niños cuidadosamente, pero no siempre hemos comprendido lo que significan sus acciones. Entre otras cosas, mucha gente usa con frecuencia dos palabras muy diferentes como si significaran lo mismo. Estas palabras son *aprender* y *educar*.

El *Diccionario* nos dice que *aprender* significa: 1. Adquirir conocimiento o habilidad en algo a través del estudio, la instrucción, o la experiencia...

Educar significa: 1. Desarrollar las facultades y las energías a través de la enseñanza, la instrucción, la escuela..., y 2. Proporcionar educación para algo; enviar a la escuela...

Dicho de otra forma, aprender se refiere generalmente al proceso que sucede en aquel que está adquiriendo conocimientos, mientras que educar es a menudo el proceso de aprendizaje guiado por un profesor o escuela. Aunque realmente todo el mundo sabe esto, se piensa en estos dos procesos como si fueran exactamente lo mismo.

Debido a esto, a veces creemos que puesto que la *educación formal* comienza a los seis años, los procesos más importantes también empiezan a los seis años. Nada más lejos de la realidad.

La verdad es que un niño comienza a aprender justo después de nacer. Para cuando tiene seis años y empieza el colegio ya ha absorbido una ingente cantidad de información, hecho a hecho, quizá más de la que aprenderá el resto de su vida.

Para cuando el niño tenga seis años habrá aprendido la información básica sobre sí mismo y su familia. Habrá aprendido sobre sus vecinos y sus relaciones con ellos su mundo y su relación con él, y un sinfín más de hechos incontables. Y lo más significativo, habrá aprendido un idioma completo y a veces más de uno. (Hay pocas probabilidades de que domine bien otro idioma después de los seis años.)

Todo esto antes de que haya visto el interior de una clase.

El proceso de aprendizaje en estos años se origina a gran velocidad a menos que lo impidamos. Si lo valoramos y estimulamos, sucederá a una velocidad increíble.

Un niño pequeño tiene un ardiente e ilimitado deseo por aprender. Solo podemos destruir este deseo en su totalidad si destruimos al niño por completo.

Podemos acercarnos si lo aislamos. De vez en cuando leemos cosas como que han encontrado a un idiota de trece años en una buhardilla encadenado a la pata de una cama probablemente porque era un idiota. Pero lo probable es que sea al revés. Es extremadamente posible que sea idiota porque lo han encadenado a la pata de la cama. Para valorar este hecho, debemos darnos cuenta de que solo unos padres psicóticos encadenarían a un niño. Un padre encadena a un niño a la pata de la cama *porque* el padre es psicótico, y el resultado es un niño idiota *porque* se le han negado prácticamente todas las oportunidades para aprender.

Podemos *reducir* el deseo de un niño por *aprender* limitando las experiencias a las que lo exponemos. Desgraciadamente, hemos hecho esto de forma casi universal al subestimar en gran medida lo que el niño puede aprender.

Podemos *incrementar* su aprendizaje ostensiblemente, simplemente levantando muchas restricciones físicas que le hemos impuesto.

Podemos *multiplicar* por mucho el conocimiento que absorbe e incluso su potencial si valoramos positivamente su extraordinaria capacidad de aprendizaje y le damos oportunidades ilimitadas a la vez que lo motivamos para que las aproveche.

A lo largo de la historia ha habido casos aislados, aunque numerosos, de gente que realmente ha enseñado a leer y a hacer otras cosas avanzadas a niños pequeños, simplemente valorándolos y motivándolos. En *todos* los casos que hemos podido encontrar, los resultados de semejante actividad planificada en la casa encaminada al aprendizaje de los niños van desde «excelente» a «impresionante» en conseguir niños felices y bien adaptados con una inteligencia excepcional.

Es muy importante recordar que a estos niños *no* se les consideró excepcionalmente inteligentes y después se les proporcionaron oportunidades inusuales para aprender, sino que eran niños cuyos padres sencillamente decidieron que estuvieran expuestos a tanta información como les fue posible a una edad muy temprana.

A lo largo de la historia los grandes profesores han hecho hincapié una y otra vez en que debemos fomentar en nuestros niños el amor por aprender. Desgraciadamente, no nos han dicho con la frecuencia suficiente cómo podríamos hacerlo. Los antiguos sabios hebreos enseñaban a los padres a hornear las tartas con la forma de las letras del alfabeto hebreo que el niño necesitaba identificar para que le permitiesen comer la tarta. De forma parecida, las palabras hebreas se escribían con miel en la pizarra del niño. Tenía entonces que borrarlas chupándolas de manera que «las palabras de la ley fuesen dulces en sus labios.»

Una vez que un adulto se sensibiliza por lo que hace un niño, se pregunta cómo no pudo no darse cuenta antes.

Observa atentamente a un niño de dieciocho meses y mira lo que hace.

En primer lugar, vuelve loco a todo el mundo. ¿Por qué? Porque su curiosidad no descansa. No puedes disuadir, disciplinar o confinar su deseo por aprender, aunque te lo propongas —y verdaderamente lo hemos intentado.

Quiere aprender cosas acerca de la lámpara, la taza de café, el enchufe y el periódico y todo lo que hay en la habitación —lo que significa que golpeará la lámpara, tirará el café, pondrá sus dedos en el enchufe y romperá el periódico. Está aprendiendo constantemente y, lógicamente, no podemos soportarlo.

Por la forma en que continúa haciendo las cosas hemos decidido que es hiperactivo e incapaz de prestar atención, cuando lo que realmente sucede es que presta atención a todo. Está pendiente de todo con los cinco sentidos para aprender sobre el mundo que lo rodea. Ve, oye, siente, huele y saborea.

No hay otra forma de aprender que excepto a través de estas cinco rutas hacia el cerebro, y el niño las usa todas.

Él ve la lámpara y la tira al suelo para poderla sentir, oír, mirar, oler y saborear. Si se le da la oportunidad, hará todo eso a la lámpara —y hará lo mismo con todos los objetos de la habitación. No pedirá que le saquen de la habitación hasta que no haya asimilado todo lo que pueda, a través de cualquiera de sus sentidos, acerca de todos los objetos de la habitación. Hace todo lo que puede para aprender y, por supuesto, nosotros hacemos lo que podemos para pararlo, pues su proceso de aprendizaje nos sale carísimo.

Los padres hemos ideado muchos métodos para convivir con la curiosidad de los niños pequeños y, desgraciadamente, casi todos ellos a costa del aprendizaje del niño.

El primer método está basado en la escuela de pensamiento de «dale algo para jugar que no pueda romper». Esto normalmente significa que le damos un sonajero rosa para jugar. Incluso puede que sea un juguete un poco más complicado, pero sigue siendo un juguete. Al presentarle el juguete, el niño rápidamente lo mira (por eso los juguetes tienen colores tan brillantes), lo golpea para ver si hace ruido (por eso los sonajeros suenan), lo toca (por eso los juguetes no tienen bordes afilados), lo chupa (por eso la pintura no es venenosa) e incluso lo huele (todavía no sabemos a qué deberían oler los juguetes, por eso no huelen a nada). En este proceso tardan unos noventa segundos.

Ahora que sabe todo lo que quiere saber acerca del juguete por el momento, lo abandona y centra su atención en la caja en la que venía. Al niño la caja le parece tan interesante como el juguete —por eso siempre deberíamos comprar juguetes que vienen en cajas— y lo aprende todo sobre la caja. En esto también tarda unos noventa segundos. En realidad, el niño prestará atención a la caja más frecuentemente que al juguete mismo. Porque le permitimos que la rompa, probablemente aprenda cómo está hecha. Esta es una ventaja que no tiene el juguete, ya que la mayoría son irrompibles, lo que a su vez disminuye su habilidad para aprender.

Parece, por tanto, que comprar a un niño un juguete que viene en una caja es una buena forma de duplicar su campo de atención. Pero ¿lo hemos hecho, o sencillamente le hemos dado el doble de material de igual interés para él? Está claro que hemos hecho lo segundo. Resumiendo, debemos asumir que el campo de atención del niño está relacionado con la cantidad de material para aprender disponible para él, en vez de creer, como hacemos con frecuencia, que un niño es incapaz de prestar atención durante mucho tiempo.

Si simplemente observas a los niños, verás docenas de ejemplos como este. Sin embargo, a pesar de su incontestable evidencia, con demasiada frecuencia llegamos a la conclusión de que cuando un niño fija su atención poco tiempo, es que no es un niño muy listo. Esta deducción implica insidiosamente que (igual que los demás niños), no es muy listo porque es muy joven. Uno se pregunta cuáles serían nuestras conclusiones si un niño de dos años se sentara en una esquina a jugar con el sonajero durante cinco horas. Los padres de ese niño se enfadarían aún más —y con razón.

El segundo método general de convivencia con sus intentos por aprender está basado en la escuela de pensamiento de meterle en el parque o corral, nombre este último mucho más apropiado. Al menos deberíamos ser sinceros y dejar de decir: «vamos a comprar un parquecito para el niño». Digamos la verdad y admitamos que lo compramos para nosotros.

Hay una viñeta que muestra a una madre dentro de un parque (o corral) a quien se ve contenta, leyendo y sonriendo mientras los niños juegan fuera del parquecito sin poder alcanzarla. Esta viñeta, aparte de su lado gracioso, sugiere otra verdad: la madre que realmente sabe sobre el mundo se puede permitir estar aislada, mientras que los niños fuera, que tienen mucho que aprender, pueden continuar sus exploraciones.

Pocos padres se dan cuenta de lo que realmente cuesta un parquecito. No solo restringe la habilidad del niño para aprender sobre el mundo que lo rodea, lo cual es obvio, sino que seriamente restringe su crecimiento neurológico al limitar su habilidad para arrastrarse y gatear (procesos que son vitales para el crecimiento normal). Esto, a su vez, inhibe el desarrollo de su visión, de su motricidad manual, de la coordinación mano-ojo, y un montón de cosas más.

Los padres nos hemos convencido a nosotros mismos de que compramos el parquecito para proteger al niño de peligros como morder un cable eléctrico o caerse por las escaleras. Realmente lo hemos acorralado tanto que *no* tenemos que preocuparnos por su seguridad. En lo que se refiere a nuestro tiempo, lo estamos utilizando al revés, dedicando mucho tiempo a lo pequeño y poco a lo realmente importante.

Sería muchísimo más sensato, si nos empeñamos en tener un parquecito, utilizar uno que tuviera cuatro metros de largo y sesenta centímetros de ancho para que el niño pudiera arrastrarse, gatear y aprender en esos años vitales de su vida. Con semejante parque, el niño puede moverse cuatro metros arrastrándose o gateando en línea recta antes de encontrarse contra las cuerdas o barras en el extremo opuesto. Ese parque es infinitamente más conveniente para los padres también, ya que solo ocupa espacio a lo largo de una pared en vez de ocupar toda la habitación.

El parque como elemento para impedir el aprendizaje es desafortunadamente mucho más efectivo que el sonajero, porque después de los noventa segundos que el niño tardará en aprenderse cada juguete que su madre le traiga (y por eso los tira fuera a medida que se los aprende), se quedará sin saber qué hacer.

De esta manera hemos conseguido impedir que destruya las cosas (una forma de aprender) limitando su espacio físico. Este método, que coloca al niño en un vacío físico, emocional y educacional, no fracasará mientras podamos soportar sus angustiados gritos para salir; o, suponiendo que los podamos aguantar, hasta que sea lo bastante grande para salir trepando y renovar su búsqueda de aprendizajes.

¿Significa lo anterior que estamos a favor de que el niño rompa la lámpara? Por supuesto que no. Solamente significa que hemos tenido demasiado poco respeto por los deseos de aprender del niño, a pesar de lo claro que nos deja *que él quiere aprender desesperadamente todo lo que pueda, y cuanto antes, mejor.*

Siguen apareciendo relatos apócrifos que, aunque no son ciertos, son reveladores.

Hay un relato de dos pequeños de cinco años en el patio del colegio cuando un avión pasa velozmente. Un niño le dice al otro que el avión es supersónico. El otro se lo discute razonando que las alas no estaban lo suficientemente inclinadas hacia atrás. Suena la campana para volver a clase y el primer niño dice: «Tenemos que dejar la conversación y volver a ensartar esas malditas bolas».

La historia es exagerada pero contiene un mensaje.

Piensa por un momento en el niño de tres años que pregunta: «Papá, ¿por qué está caliente el sol?», «¿Cómo se metió ese hombre en la televisión?», «¿Qué hace que las flores crezcan, Mami?».

Mientras el niño muestra una curiosidad por la electrónica, la astronomía y la biología, con demasiada frecuencia le mandamos a correr y a jugar con sus juguetes. Al mismo tiempo, puede que decidamos eso porque es muy joven y no lo entendería y, además, su capacidad de atención es muy limitada. Pero, al menos, tiene la suficiente para la mayoría de sus juguetes.

Hemos conseguido mantener a nuestros niños cuidadosamente aislados del aprendizaje en un periodo de la vida en el que el deseo por aprender está en su punto álgido.

El cerebro humano es singular, y se puede decir de él que es el único contenedor que es capaz de recoger más cuanto más le echas.

Entre los nueve meses y los cuatro años la habilidad para absorber información es inigualable y el deseo de hacerlo es mayor de lo que jamás será después. Sin embargo, durante este periodo mantenemos a los niños limpios, bien alimentados, protegidos del mundo que les rodea —y en un vacío de aprendizaje.

Es irónico, pues, cuando el niño crezca, le repetiremos una y otra vez lo tonto que es por no querer aprender astronomía, física o biología. Aprender, le diremos, es lo más importante en la vida, y sin duda lo es.

Sin embargo, hemos pasado por alto la otra cara de la moneda.

Aprender también es el juego más fabuloso de la vida, y el más divertido.

Hemos asumido que los niños odian aprender básicamente porque a la mayoría de ellos no les ha gustado el colegio, o incluso lo han despreciado. De nuevo hemos vuelto a confundir el colegio con aprender. No todos los niños que van al colegio aprenden —de la misma forma que no todos los niños que aprenden lo hacen en la escuela.

Mis propias experiencias en primer grado seguramente fueron las típicas que ocurren desde hace siglos. Por regla general, la profesora nos decía que nos sentáramos, nos calláramos, la mirásemos y la escuchásemos mientras ella comenzaba un proceso llamado enseñanza que, según decía, sería mutuamente doloroso, pero del que aprenderíamos, por la cuenta que nos tenía.

En mi caso, la profecía de mi profesora de primer grado se cumplió; fue doloroso y, por lo menos durante los primeros doce años, odié todos los minutos que duró. Estoy seguro de que no fue una experiencia única.

El proceso de aprendizaje debería ser prioritariamente divertido, ya que es el más fabuloso juego de la vida. Más pronto o más tarde todo el mundo llega a esa conclusión. De vez en cuando se oye a la gente decir: «Qué día más bueno he tenido. He aprendido un montón de cosas que no sabía». Incluso a veces se oye: «He tenido un día terrible, *pero* he aprendido algo».

Una experiencia reciente, que culminó cientos de situaciones semejantes pero menos divertidas, sirve de ejemplo excelente de cómo los niños quieren aprender hasta tal punto que son incapaces de distinguir el aprendizaje de la diversión. Conservan esta actitud hasta que los adultos los convencemos de que aprender *no* es divertido.

Nuestro equipo había estado tratando a una niña de tres años con lesión cerebral durante unos meses y llegó la hora de introducirla en la lectura. Era importante para su rehabilitación que aprendiera a leer, porque es imposible inhibir una sola función del cerebro sin que de alguna manera se vea afectada la función total del cerebro. Por el contrario, si enseñamos a leer a un niño pequeño con lesión cerebral, estaremos materialmente ayudando a que mejore su habla y otras funciones. Por este motivo prescribimos que a la niña se le enseñase a leer en esta visita.

El padre, comprensiblemente, era escéptico en enseñar a leer a su hija de tres años con lesión cerebral. Se le invitó a hacerlo solo debido al espléndido progreso que la niña había experimentado en el habla y en la parte física hasta ese momento.

Cuando regresó dos meses después para que comprobásemos las mejoras, estaba feliz y nos contó la siguiente historia: Aunque había consentido llevar a cabo lo que le habían enseñado, él creía que no iba a funcionar. También decidió que si iba a enseñar a leer a su hija de tres años con lesión cerebral, iba a hacerlo en lo que él consideraba un «típico ambiente de clase».

Por tanto, se construyó un aula totalmente equipada con mesas y pizarra en el sótano de su casa. Invitó también a ir a clase a su hija sana de siete años.

Como era de prever, la niña de siete años había echado un vistazo a la clase y gritó de alegría. Tenía el juguete más grande del vecindario. Más grande que un cochecito de bebé, más grande que una casa de muñecas. Tenía su propio colegio privado.

En julio salió por su vecindario y reunió a cinco niños, con edades entre los tres y los cinco años, para «jugar al colegio.»

Por supuesto, la idea los emocionó y decidieron ser buenos chicos para poder ir al colegio como sus hermanos y hermanas mayores. Jugaron al colegio cinco días a la semana durante todo el verano. La niña de siete años era la profesora y los pequeños de tres a cinco, sus alumnos.

Ningún niño fue forzado a jugar. Era simplemente el mejor juego que podían jugar.

El «colegio» se cerró en septiembre cuando la profesora de siete años volvió su segundo grado.

Como resultado de esto, ahora en ese vecindario hay cinco niños, de tres a cinco años, que saben leer. No pueden leer a Shakespeare, pero saben leer las veinticinco palabras que la profesora de siete años les enseñó. Las leen y las comprenden.

Con toda seguridad que esta profesora de siete años debería ser incluida en la lista de los mejores de la historia —y no hay más remedio que pensar que los niños de tres años *quieren* leer.

Nosotros elegimos la opción de los niños de tres años y su deseo por aprender antes que la de la habilidad de la profesora de siete.

Finalmente, conviene tener en cuenta que cuando a un niño de tres años se le enseña a leer un libro, puede prestar atención al libro durante mucho tiempo, resulta ser inteligente y deja totalmente de tirar lámparas; pero aún tiene tres años y aún le parecen interesantes los juguetes solo durante noventa segundos.

Naturalmente, mientras que un niño no conoce de forma específica que la lectura existe no quiere aprender a leer, pero a todos los niños les gusta asimilar la información de lo que ocurre a su alrededor, y, con las circunstancias adecuadas, leer es una de ellas.

Los niños pequeños pueden aprender a leer

Un día no hace mucho la encontré hojeando un libro en francés. Simplemente me dijo: «Bueno, mamá, es que ya he leído todos los libros de la casa en inglés».

SEÑORA GILCHRIST, *Newsweek*

LOS niños muy pequeños claro que pueden aprender a leer palabras y párrafos exactamente igual que aprenden a entender las palabras habladas, las frases y los párrafos.

Otra vez, los hechos son sencillos —bellos pero sencillos. Ya hemos dejado claro que los ojos ven pero no comprenden lo que ven, y que los oídos oyen pero no comprenden lo que oyen. Solo el cerebro comprende.

Cuando el oído capta, o recoge, una palabra o mensaje hablado, este mensaje auditivo se rompe en una serie de impulsos electroquímicos que son enviados al área auditiva del cerebro, que los descodifica y *comprende* en lo que se refiere al significado que la palabra intentaba transmitir.

De la misma manera, cuando el ojo capta una palabra o mensaje escrito, este mensaje visual se rompe en una serie de impulsos electroquímicos que son enviados al área visual del cerebro donde se descodifican y se comprenden como lectura.

Es un instrumento mágico el cerebro.

Tanto la vía visual como la auditiva viajan a través del cerebro donde *ambos* mensajes se interpretan por el mismo proceso cerebral.

La *agudeza* visual y la *agudeza* auditiva tienen poco que ver con esto, a menos que sean demasiado débiles.

Hay muchos animales que ven u oyen mejor que cualquier ser humano. De todas formas, ningún chimpancé, por muy aguda que sea su visión o su audición, jamás leerá la palabra «libertad» a través de su ojo o la comprenderá a través de su oído. No tiene el cerebro requerido para ello.

Para empezar a comprender el cerebro humano, debemos considerar el instante de la concepción en lugar del momento del nacimiento, porque el fabuloso y poco conocido proceso de crecimiento cerebral comienza en la concepción.

Desde el momento de la concepción en adelante, el cerebro humano crece a un ritmo explosivo en escala descendente.

Explosivo y *descendente.*

Todo el proceso queda esencialmente completado a la edad de ocho años.

En el momento de la concepción el óvulo fértil es de tamaño microscópico. Doce días después el embrión es lo bastante grande como para que el cerebro se pueda diferenciar. Esto sucede mucho antes de que la madre sepa que está embarazada, así de espectacularmente rápido es el ritmo de crecimiento. Aunque el *ritmo* de crecimiento es fantástico, este ritmo siempre es menor al día siguiente.

Cuando el niño nace pesa de dos kilos y medio a tres y medio, millones de veces lo que pesaba el óvulo en el momento de la concepción. Es evidente que si su *ritmo* de crecimiento se mantuviera en los siguientes nueve meses igual que en los nueve anteriores, pesaría miles de toneladas cuando tuviera nueve meses y muchos millones de toneladas cuando tuviera dieciocho meses.

El proceso de crecimiento del cerebro iguala al del cuerpo, pero a un ritmo aún más descendente. Esto se puede ver claramente cuando uno se da cuenta del hecho de que al nacer el cerebro del niño supone el 11% del peso total del cuerpo, mientras que en los adultos es solo del 2,5%. Cuando el niño tiene cinco años, el crecimiento del cerebro está completo al 80%.

Cuando tiene ocho años, el proceso de crecimiento del cerebro, como hemos dicho, prácticamente se ha completado. Durante el periodo entre los ocho y los ochenta tenemos menos crecimiento cerebral del que tuvimos en un único año (y el más lento de los primeros ocho años) entre las edades de siete y ocho.

Además de esta comprensión básica sobre cómo crece el cerebro, es importante comprender cuáles son sus funciones más importantes para los humanos.

Solo hay seis funciones neurológicas que son exclusivas en el hombre, y estas seis funciones caracterizan al hombre y lo diferencian de las otras criaturas.

Estas son las seis funciones de una capa del cerebro conocida como la corteza cerebral humana. Estas habilidades exclusivamente humanas están presentes y en funcionamiento alrededor de los ocho años de edad *. Vale la pena conocerlas.

---

* Esto no quiere decir que no estuvieran antes, sino que a esa edad es cuando la presencia y la función realmente se optimizan (*N. de los T.*)

1. Solo el hombre es capaz de caminar completamente erguido.
2. Solo el hombre habla en lenguaje abstracto, simbólico y figurativo.
3. Solo el hombre es capaz de combinar su capacidad manual única con las habilidades motoras mencionadas anteriormente para escribir su lenguaje.

Las primeras tres habilidades en la lista son de naturaleza *motora* (expresivas) y están basadas en las tres restantes, que son de naturaleza *sensorial* (receptivas).

4. Solo el hombre comprende el lenguaje abstracto, simbólico y figurativo que oye.
5. Solo el hombre sabe identificar un objeto únicamente a través del tacto.
6. Solo el hombre ve de una manera que lo capacita para leer el lenguaje abstracto cuando está en forma escrita.

Un niño de ocho años es capaz de realizar estas funciones, ya que camina, habla, escribe, lee, comprende el lenguaje oral e identifica objetos a través del tacto a esa edad. Desde esa época en adelante hablamos de una especie de multiplicación lateral de esas seis habilidades exclusivamente humanas, más que de la suma de otras nuevas.

Dado que, en gran medida, la vida futura del hombre depende de esas seis funciones que se desarrollan durante los primeros ocho años, una investigación y descripción de las diferentes fases que existen durante ese periodo de modelado en la vida son muy *importantes*.

EL PERIODO DESDE EL NACIMIENTO HASTA UN AÑO

Este periodo de la vida es *vital* para el futuro posterior del niño.

Es cierto que nos preocupamos porque esté limpio, calentito y bien alimentado, pero también es verdad que restringimos seriamente su crecimiento neurológico.

Lo que *debería* acontecerle durante este tiempo podría fácilmente ser el tema de un libro entero. Basta con decir que durante este periodo de la vida el bebé debería tener oportunidades casi ilimitadas de movimiento para la exploración física y la experimentación. Nuestra cultura y sociedad actual normalmente se lo niega. Y en las contadas ocasiones en las que se permite al niño tal oportunidad, el resultado es que los niños son superiores física y neurológicamente. *En lo que se convierta de adulto, en términos de habilidad física y neurológica, está determinado con mayor fuerza durante este periodo más que en cualquier otro.*

EL PERIODO DE UNO A CINCO AÑOS

Este es un periodo *crucial* para el futuro del niño.

Durante este periodo de la vida lo amamos, nos aseguramos de que no se lastime, lo colmamos de juguetes y lo llevamos a la guardería. Y, de forma inconsciente, lo hacemos muy bien para impedir el aprendizaje.

Lo que *debería* suceder durante estos años decisivos es que satisficiéramos su tremenda sed de materia prima de la que él quiere beber de todas las formas posibles, pero especialmente en lo que se refiere al lenguaje, tanto si es hablado, oído, escrito o leído.

Es en este periodo de la vida cuando el niño debería aprender a leer, abriendo así para él la puerta del preciado tesoro de todo lo que el hombre ha escrito a lo largo de la historia, la totalidad del conocimiento humano.

Es durante estos años —que no volverán— de insaciable curiosidad, cuando se estampa el sello intelectual del niño. Aquello que el niño pueda ser, los intereses que tendrá, cuáles serán sus capacidades, quedará determinado en estos años. Una cantidad ilimitada de factores lo influirán como adulto. Los amigos, la sociedad y la cultura quizá influyan en el trabajo que desarrolle, y algunos de estos factores pueden ser dañinos para el desarrollo de su pleno potencial.

Mientras tales circunstancias de la vida adulta se pueden combinar para disminuir su capacidad de disfrutar de la vida y ser productivo, él no superará el potencial que se establece durante este periodo decisivo de su vida. Por este motivo tan importante se le deben dar todas las oportunidades para que aumente su conocimiento, algo de lo que él disfruta por encima de cualquier otra cosa.

Es ridículo suponer que cuando la curiosidad insaciable de un niño se ve satisfecha, y de una forma que le encanta, lo estamos privando de su preciada infancia. No merecería la pena mencionar tal actitud si no fuera tan frecuente. Uno, sin embargo, raramente se encuentra con padres que crean que hay algún tipo de pérdida de la «preciada infancia» cuando ven el ansia con el que un niño lee un libro con Mamá, en comparación con los gritos de angustia para salir del parquecito o su absoluto aburrimiento cuando se encuentra en medio de una montaña de juguetes.

Más aún, aprender durante este periodo de la vida es de obligada necesidad, y si lo impedimos, estamos yendo contra la naturaleza. *Es una necesidad para la supervivencia.*

El gatito que «juega» saltando sobre una bola de lana está usando la lana sencillamente como sustituto de un ratón. El cachorrillo de perro que «juega» a fingir ferocidad con otros cachorrillos está aprendiendo a sobrevivir cuando lo ataquen. La supervivencia en el mundo de las personas depende de la habilidad para comunicarse, y el lenguaje es una herramienta de comunicación.

El juego del niño, como el juego del gatito, tiene sentido y está orientado a aprender en vez de a entretenerse.

La adquisición del lenguaje en todas sus formas es uno de los propósitos prioritarios del juego infantil. Debemos ser cuidadosos de verlo por lo que es y no suponer que tal juego está encaminado a la diversión.

La necesidad de aprender durante este periodo de la vida es, para el niño, una necesidad vital. ¿No es maravilloso que la sabia Naturaleza haya hecho que al niño le encante aprender? ¿No es horrible que no hayamos comprendido bien lo que es un niño, y hayamos puesto tantas piedras en su camino?

Este es, pues, el periodo en la vida en el que el cerebro del niño es una puerta abierta a toda la información sin hacer un esfuerzo consciente de ningún tipo. Este es el periodo de la vida en el que puede aprender a leer de forma sencilla y natural. Se le debería ofrecer la oportunidad de hacerlo.

Es durante este periodo cuando puede aprender a leer un idioma extranjero, incluso hasta cinco, lo cual no conseguirá cuando esté en escuela secundaria o en la universidad. Esto también se le debería ofrecer. Puede aprender con gran facilidad ahora, pero con gran dificultad después.

Es durante este periodo cuando se le debería presentar toda la información básica sobre el lenguaje escrito, que ahora aprende con tanto esfuerzo entre las edades de seis y diez. Lo aprenderá más sencilla y rápidamente.

Es más que una oportunidad única, es un deber sagrado. Debemos abrirle la compuerta de todo el conocimiento básico. Nunca más volveremos a tener una oportunidad igual.

EL PERIODO DE CINCO A OCHO

Este periodo de la vida es *muy importante* para toda la vida del niño.

Durante esta importante época, que es prácticamente el final de sus días formativos, plásticos y moldeables, empieza el colegio. ¡Qué periodo más traumático de la vida puede ser este! ¿Qué lector no se acuerda de esta parte de su vida, aunque hace mucho que ocurriera? La experiencia de entrar en la guardería y los dos años siguientes son a menudo la memoria más temprana que un adulto tiene. Y también a menudo no se recuerda con placer.

¿Por qué debería ser así cuando a los niños quieren aprender desesperadamente? ¿Podemos interpretar que esto significa que no quiere aprender? ¿O es más probable que esto indique que estamos cometiendo algún que otro error fundamental e importante?

Si nos estamos equivocando, ¿en qué podría ser? Considera los hechos del caso.

De repente, llevamos a este niño que, hasta este momento, ha pasado poco tiempo, o nada, fuera de casa, y lo introducimos en un mundo físico y social completamente nuevo. Si el niño de cinco o seis años no echase de menos a su Madre y su casa en este periodo formativo tan importante de la vida, sería un indicio de infelicidad

en su casa. Simultáneamente lo introducimos en la disciplina de grupo y la educación temprana.

Debemos recordar que el niño está muy adelantado en la habilidad de aprender, pero aún muy retrasado en la de juzgar. El resultado es que el niño asocia la infelicidad de encontrarse de repente lejos de su madre con la experiencia educativa temprana, y de este modo desde el principio el niño asocia aprender, en el mejor de los casos, con una vaga felicidad. Difícilmente puede ser este un buen comienzo para el trabajo más importante en la vida.

Al hacer esto, asestamos un duro golpe también al profesor. No es de sorprender que muchos profesores se enfrenten a su trabajo con amargura en vez de alegría anticipada. Tiene dos golpes en contra cuando ve al niño por primera vez.

¿No sería mucho mejor para el alumno, el profesor y el mundo entero si, cuando llegara el primer día de colegio, el nuevo alumno ya estuviese enamorado de la alegría por aprender?

Si se diera este caso, el amor del niño por aprender y leer, que ahora empezaría a incrementarse, minimizaría mucho el revés psicológico de separarse del regazo de Mamá.

De hecho, en los casos aislados en que al niño se le introduce en el aprendizaje a una edad muy temprana, es gratificante observar que el amor del niño por aprender se convierte en amor por el colegio. Es significativo que cuando estos niños no se sienten bien, tratan de ocultárselo a su Madre (normalmente sin éxito) para no quedarse en casa y dejar de asistir al colegio. Qué cambio tan agradable comparado con nuestras experiencias de la infancia cuando, a menudo, fingíamos estar enfermos (normalmente sin éxito) para *no* tener que ir al colegio.

La falta de reconocimiento de estos factores básicos nos ha conducido a cometer algunas acciones psicológicas erróneas. Desde un punto de vista educacional, el niño de siete años está empezando a aprender a leer —pero a leer *sobre triviali-dades* muy inferiores a su interés, conocimiento y habilidad.

Lo que *debería* estar sucediéndole al niño en este periodo tan importante de su vida entre los cinco y los ocho años (suponiendo que las cosas adecuadas le hayan acontecido en los periodos previos), es que disfrutase del material que normalmente se le va a presentar cuando tenga entre ocho y catorce años.

Que los resultados de esto a gran escala solamente pueden ser buenos es algo evidente, a menos que estemos deseando aceptar la premisa que la ignorancia conduce a lo bueno y el conocimiento a lo malo; y que entretenerse con un juguete tiene que dar como resultado la felicidad, mientras que aprender sobre el lenguaje y el mundo significa infelicidad. Sería tan tonto como suponer que llenar el cerebro de información de alguna manera lo extenuaría, y dejarlo vacío lo preservaría.

A una persona con un cerebro cargado de información útil y que sabe manejar fácilmente podría ser catalogado como genio, mientras que a una persona cuyo cerebro está vacío de información se le llama idiota.

Bajo estas nuevas circunstancias, la cantidad de cosas que los niños podrán aprender y lo contentos que aprenderán solo puede pertenecer al mundo de nuestros sueños hasta que una gran cantidad de niños hayan disfrutado de esta nueva oportunidad. No hay duda de que la influencia de estos niños avanzados en el mundo solo puede ser para mejor.

La cantidad de conocimiento que hemos impedido adquirir a nuestros niños da la medida de nuestra falta de sensibilidad hacia su potencial de aprendizaje. Todo lo que han aprendido, *a pesar* de nuestros impedimentos es un tributo a ese mismo potencial de absorber información.

El recién nacido es casi la copia exacta de un ordenador vacío, aunque superior a él en casi todos los aspectos. Un ordenador vacío es capaz de recibir una gran cantidad de información fácilmente y sin esfuerzo. Un bebé también.

Un ordenador es capaz de clasificar y archivar esa información. Un niño pequeño también.

Un ordenador es capaz de almacenar esa información de forma temporal o permanente. Un niño pequeño también.

No se puede esperar que un ordenador te dé las respuestas precisas hasta que no le hayas introducido la información necesaria para que responda a esa pregunta. El ordenador no puede hacer eso. Y un niño pequeño tampoco.

Cuando hayas introducido suficiente información en el ordenador, recibirás de la máquina respuestas correctas e incluso razonamientos.

De la misma forma que puedes recibirlas de un niño.

La máquina aceptará toda la información que introduzcas, tanto si es correcta como si no lo es. Un niño pequeño también.

La máquina no rechazará ninguna información que introduzcas de forma correcta. Un niño pequeño tampoco.

Si has introducido información incorrecta en la máquina, las respuestas futuras basadas en este material serán incorrectas. Las de un niño pequeño también.

Hasta aquí los paralelismos.

Si introduces información incorrecta en el ordenador, este puede ser vaciado y reprogramado. Pero esto no es así en un niño. La información básica presente en la memoria permanente del cerebro de un niño tiene dos limitaciones. La primera es que si pones información equivocada en su cerebro durante los primeros ocho años de vida, es extremadamente difícil borrarla. La segunda limitación es que si tiene más de ocho años, absorberá el nuevo material lentamente y con creciente dificultad.

Consideremos a un niño de la capital que dice «Madriz» en vez de «Madrid», a uno del sur que dice «quillo» en lugar de «chiquillo», y a otro de la costa mediterránea que dice «el papá» en vez de «mi papá o mi padre». Es muy raro que los viajes o la educación eliminen los errores de expresión locales, que es lo que realmente son los acentos, por mucho encanto que parezca que tienen. Incluso si una sofisticada educación cubre con una capa de barniz los aprendizajes básicos de los primeros ocho años, un periodo de tensión la levantará.

Es la historia de una bella mujer del mundo del espectáculo que, aunque no había tenido educación, se casó con un hombre rico. Él hizo lo imposible para educar a su nueva mujer y aparentemente dio buen resultado. Pero unos años después, mientras descendía de un carruaje a la manera que le correspondía por la dama que ahora era, el valioso collar de perlas que llevaba se enganchó en el carruaje y se rompió, y las perlas salieron disparadas en todas las direcciones.

«La virgen», se dice que gritó, «¡mis bolitas!».

Lo que entre en el cerebro durante los primeros ocho años de vida probablemente se quedará ahí para siempre. Por tanto, deberíamos hacer lo imposible para asegurarnos de que lo que entra es bueno y correcto. Se ha dicho: «Dame un niño durante los primeros ocho años de su vida y luego puedes hacer con él lo que quieras». Nada podría ser más acertado.

Todo el mundo sabe de la facilidad con que los niños memorizan el material, incluso aquel que realmente no entienden.

Hace poco vimos a un niño de ocho años leyendo en una cocina en la que había un perro ladrando, una radio encendida y una discusión familiar cuyo tono subía por momentos. El niño estaba memorizando una poesía de tamaño considerable para recitarla al día siguiente en el colegio. Y lo consiguió.

Si a un adulto le pidiéramos que se aprendiera una poesía para recitarla ante un grupo mañana, lo más probable es que le diera un ataque de pánico. Supongamos que lo consiguió y que seis meses después le volviéramos a pedir que lo hiciera. Tiene grandes probabilidades de no ser capaz de hacerlo, pero sí de recordar poesías que aprendió cuando era pequeño.

Aunque un niño es capaz de absorber y retener casi todo el material que se le presenta en estos años vitales, su habilidad para aprender un idioma es única, e importa poco si el idioma es hablado, pues lo aprenderá de forma sonora, o escrito, pues lo aprenderá de forma visual.

Como hemos destacado, con cada día que pasa la habilidad del niño para incorporar información sin esfuerzo *decrece,* pero también es verdad que cada día que pasa su habilidad para hacer juicios es mayor. Con el tiempo, esa curva descendente y esa otra ascendente se cruzan.

Antes del momento en que las curvas se crucen, el niño es, en algunos aspectos, *superior* al adulto. La habilidad para aprender idiomas es uno de ellos. Consideremos este único factor de superioridad en la adquisición del lenguaje.

El autor pasó cuatro años intentando aprender francés cuando era adolescente y cuando era joven y ha estado dos veces en Francia, pero se puede decir sin ningún género de dudas que prácticamente no habla francés. Sin embargo, cualquier niño promedio francés y muchos que están por debajo de la media, incluso algunos con retraso mental, aprenden a hablar francés bien, utilizando las reglas básicas de la gramática, antes de cumplir los seis años.

Da un poco de rabia cuando lo piensas.

A primera vista, uno sospecharía que la diferencia no estriba en el hecho de ser niño o adulto, sino en que el niño estaba en Francia mientras que el adulto no, y de esta forma estuvo expuesto a oír francés todo el rato y por todas partes.

Veamos si esta es realmente la diferencia o si la diferencia subyace en la capacidad ilimitada del niño o en la gran dificultad del adulto para aprender idiomas.

Miles de oficiales del ejército americano han sido destinados a países extranjeros y muchos han intentado aprender el idioma nativo. Pongamos como ejemplo al comandante John Smith. El comandante John Smith tiene treinta años y goza de una gran salud física. Es licenciado por la universidad y tiene un cociente intelectual (CI) de por lo menos quince puntos por encima de la media. Al comandante Smith lo destinaron a Alemania.

Lo matricularon en una academia de alemán, a la que asiste tres tardes a la semana. Las academias de idiomas militares son instituciones de calidad en las que se enseña con un sistema de conversación y contratan a los mejores profesores.

El comandante Smith estudia mucho para aprender alemán, ya que es importante para su carrera, puesto que durante el día habla con personas tanto de habla alemana como de habla inglesa. Con todo y con ello, un año después, cuando va de compras con su hijito de cinco años, el niño es el que habla casi siempre, por la sencilla razón de que habla un aceptable alemán mientras que el comandante no. ¿Cómo puede ser esto?

A papá le han enseñado alemán los mejores profesores que el ejército pudo encontrar y, sin embargo, realmente no habla alemán, ¡mientras que su hijito de cinco años sí!

¿Quién enseñó al chiquillo? En realidad, nadie. Es simplemente que durante el día estaba en casa con su cuidadora alemana. ¿Quién enseñó alemán a la cuidadora? En realidad, nadie.

A papá le enseñaron alemán y no lo habla.

Al niño no se lo enseñaron y lo habla.

Por si el lector está atrapado en seguir pensando que la diferencia subyace en las pequeñas diferencias ambientales del comandante Smith y de su hijo en lugar de en la habilidad única del niño para aprender idiomas y en la relativa falta de habilidad del adulto para aprenderlos, consideremos por un momento el caso de *la señora* Smith —que ha vivido en la misma casa con la misma cuidadora que el niño—. La señora Smith no ha aprendido mucho más alemán que el comandante Smith y, desde luego, mucho menos que su hijo.

Si nuestro mal uso de esta habilidad única para aprender idiomas en la infancia no fuera tan triste y desaprovechado, sería verdaderamente divertido.

En el caso que los Smith hubieran tenido más hijos cuando fueron a Alemania, la precisión en el idioma habría sido inversamente proporcional a la edad de cada miembro de la familia.

El de tres años, en caso que lo hubiera, es el que más alemán aprendería.

El de cinco años aprendería muchísimo, pero no tanto como el de tres.

El de diez aprendería mucho alemán, pero menos que el de cinco.

El de quince aprendería algo de alemán, que pronto olvidaría.

El pobre comandante y la señora Smith prácticamente no aprenderían nada de alemán.

Este ejemplo, lejos de ser un caso aislado, es casi universalmente cierto. Hemos conocido a niños que han aprendido francés o español, alemán o japonés, o italiano con estas circunstancias.

Otro aspecto del que nos gustaría hablar no es tanto de la habilidad innata del niño para aprender idiomas como de la *torpeza* del adulto para aprenderlas. Uno se horroriza cuando considera que se están malgastando anualmente miles de millones de dólares en Estados Unidos, por ejemplo, para intentar, en vano, enseñar idiomas a jóvenes que son prácticamente incapaces de aprenderlos.

Dejemos que el lector considere si él o ella han sido *capaces* de aprender algún idioma cuando estaban en el colegio o en la universidad.

Si después de cuatro años de francés en el colegio el lector se tiene que esforzar para pedir al camarero en Francia un vaso de agua, imagina que lo que quiere explicar es que quiere un vaso de agua *con cubitos de hielo*. Esto es más que suficiente para convencer al más resistente que cuatro años de francés no fueron suficientes. Es más que bastante para cualquier niño pequeño.

Simplemente no hay ninguna duda sobre el hecho de que los niños, lejos de ser adultos inferiores y de menor tamaño, en realidad son en muchos aspectos superiores a los mayores y, en el que más, en su extraordinaria capacidad para asimilar idiomas.

Hemos aceptado esta habilidad verdaderamente milagrosa casi sin pensarlo.

Todos los niños normales (y, como se ha dicho, muchos por debajo de lo normal) aprenden prácticamente un idioma entero entre la edad de uno y cinco años: con el acento exacto del país, de la provincia, de la ciudad, del vecindario y de la familia; sin esfuerzo aparente y exactamente como se habla. ¿Quién vuelve a hacer esto otra vez?

Y la cosa no queda ahí. Cada niño que se cría en una casa bilingüe aprende *dos* idiomas antes de los seis años. Más aún, lo aprenderá con el acento exacto de la zona en que sus padres lo aprendieron.

Si un niño norteamericano de padres italianos habla con un italiano al cabo de los años, este dirá: «Ah, tú eres de Milán —si es que sus padres eran de allí—, se nota por tu acento». Esto, a pesar de que los italoamericanos nunca han salido de Estados Unidos.

Cada niño que crece en una casa trilingüe, habla tres idiomas antes de los seis años, y así sucesivamente.

El autor tuvo recientemente la experiencia, mientras estaba en Brasil, de encontrarse con un niño de nueve años de inteligencia media, que comprendía, leía y escribía nueve idiomas con bastante fluidez. Avi Roxannes nació en El Cairo (francés, árabe e inglés) y su abuelo (turco) vivía con ellos. Cuando tenía cuatro años, la familia se mudó a Israel, adonde la abuela de Avi por parte de padre (hispana) se vino a vivir. En Israel aprendió tres idiomas más (hebreo, alemán y judío *) y a los seis años se mudó a Brasil (portugués).

Entre ellos los padres hablan tantos idiomas como Avi (pero no a nivel individual), la familia Roxanne sabiamente le habla en los nueve idiomas que él conoce (de forma individual donde solo uno de los padres habla ese idioma, así como colectivamente cuando los dos lo hablan). Los padres de Avi son muchísimo mejores lingüistas que la mayoría de los adultos, pues han aprendido cinco idiomas en su niñez, pero ni se parecen a Avi cuando hablamos del inglés o el portugués, pues los aprendieron de adultos.

---

* O judeo-alemán.

Hemos hecho notar anteriormente que ha habido en la historia muchos casos cuidadosamente documentados de lo que sucedió cuando los padres decidieron enseñar a niños muy pequeños a hacer cosas que estaban consideradas, y lo siguen estando, como extraordinarias.

Uno de estos casos es el de la pequeña Winifred, cuya madre, Winifred Sackville Stoner, escribió un libro sobre Winifred titulado *La educación natural,* que se publicó en 1914.

Esta madre empezó a animar a su hija y a ofrecerle oportunidades especiales para aprender justo después de nacer. Más adelante hablaremos de los resultados de tomar esta actitud. Por ahora veamos lo que la señora Stoner tenía que decir sobre la habilidad de su niña con el lenguaje oral cuando tenía cinco años:

«Tan pronto como Winifred pudo manifestar todos sus deseos empecé a enseñarle español a través de la conversación y usé los mismos métodos que para enseñarle inglés. Elegí el español como su segundo idioma porque es el más sencillo de todas las lenguas europeas. Para cuando Winfred cumplió cinco años podía expresar sus pensamientos en ocho idiomas, y no tengo duda alguna de que podría haber doblado esta cantidad si yo hubiera continuado nuestro juego de construcción de palabras en varios idiomas. Pero en aquella época pensé que pronto el Esperanto se convertiría en el idioma internacional, y que desarrollar habilidad lingüística y un conocimiento de muchísimos idiomas no sería muy beneficioso para mi hijita.»

Más adelante, la señora Stoner dice: «Los métodos convencionales de enseñanza de idiomas en el colegio a través de reglas gramaticales y memorización está demostrado que fallan a la hora de que los estudiantes los usen como herramienta para la expresión de su pensamiento.

»Hay profesores de latín que han enseñado latín durante medio siglo y realmente no dominan el latín coloquial. Cuando mi pequeña tenía cuatro años perdió la fe en algunos profesores de latín cuando, al saludar a uno de ellos con *"Quid agis"*, ese no lo entendió y se quedó mirándola con los ojos en blanco cuando habló de los platos en la mesa *"ab ovo usque ad mala"*».

Sin olvidarnos de la fabulosa habilidad del niño para aprender el lenguaje oral, hagamos de nuevo hincapié en el hecho de que el proceso de comprensión del lenguaje oral y del escrito es exactamente el mismo.

Luego ¿no se deriva de esto que los niños pequeños deberían tener también una habilidad única para el lenguaje leído? El hecho es que, si se le da la oportunidad de hacerlo, demuestran que la tienen. Veremos varios ejemplos de ello.

Cuando una persona o un grupo es conducido por la investigación a lo que parece ser una nueva e importante idea, son necesarias varias cosas antes de que el deber los empuje a publicar y dar a conocer esta idea.

Primero, la idea debe ser comprobada en la vida para ver cuáles pueden ser los resultados de esta idea al ponerse en práctica. Puede que sean buenos, malos o indiferentes.

En segundo lugar, independientemente de lo nuevos que esos conceptos puedan parecer, es posible que alguien, en algún lugar, haya tenido esas ideas antes y las haya utilizado. Es posible que hayan informado en alguna parte sobre sus descubrimientos.

No solo es un privilegio, sino el deber de quien expresa tales ideas, llevar a cabo una búsqueda exhaustiva de todos los documentos disponibles para determinar lo que cualquier otra persona haya podido decir sobre el tema. Esto es cierto incluso cuando pudiera parecer una idea absolutamente nueva.

Entre los años 1959 y 1962 nuestro equipo era consciente de que otra gente estaba trabajando con niños en el área de lectura, tanto dentro como fuera de Estados Unidos. Teníamos una idea general de lo que estaban haciendo y diciendo. Aunque estábamos de acuerdo con muchas cosas de las que se estaban haciendo, y ciertamente era bueno que se hicieran, nosotros creíamos que la base de ese aprendizaje era neurológica en lugar de psicológica, emocional o educacional.

Cuando empezamos a estudiar la literatura sobre el tema de forma intensiva, nos quedamos impresionados por estos cuatro hechos:

1. La historia de enseñar a leer a niños pequeños no era nada nueva y en realidad había comenzado hacía siglos.
2. A menudo, las personas de diferentes generaciones hacen las mismas cosas aunque por razones diferentes y con distintas filosofías.
3. Todos los que decidieron enseñar a leer a niños pequeños habían utilizado sistemas que, aunque variaban algo en la técnica, tenían muchas cosas en común.
4. *Y lo que es más importante, en todos los casos con niños a quienes habían intentado enseñar a leer en casa, sin importar con qué método, habían conseguido aprender.*

Muchos de los casos fueron observados y registrados con todo detalle. Pocos fueron más claros que el anteriormente mencionado de la pequeña Winifred. La señora Stoner había llegado prácticamente a las mismas conclusiones que nosotros en Los Institutos, aunque ella lo hizo sin el conocimiento neurológico del que nosotros disponíamos.

Hace medio siglo, la señora Stoner escribió:

«Cuando mi bebé tenía seis meses, coloqué alrededor de la pared de su habitación una tira de cartulina blanca de casi metro y medio de alta. En un lado de la pared puse las letras del abecedario, en papel celofán rojo; en el otro, con el mismo tipo de letras rojas, compuse palabras sencillas en filas, como, por ejemplo: mamá, papá, boca, popa, roca. Habrás notado que solo hay sustantivos en esta lista...

»Después de que Winifred aprendiera todas sus letras, empecé a enseñarle todas las palabras de la pared deletreándoselas e inventándome rimas con ellas...

»A través de estos juegos de construcción de palabras y de las impresiones que se creaban en la mente de Winifred por la lectura que hacíamos, ella aprendió a leer a la edad de dieciséis meses sin haber recibido ni una sola clase de lectura tradicional. Cuatro amigas mías han probado este método y han tenido éxito, pues todos los niños a quienes enseñaron pudieron leer textos sencillos en inglés antes de cumplir los tres años.»

La historia de esta niña y de sus amiguitas aprendiendo a leer es única sin duda.

En 1918 se informó de otro meritorio ejemplo similar. Era el caso de una niña llamada Marta (a quien a veces llamaban Millie), cuyo padre, abogado, le empezó a enseñar a leer cuando tenía diecinueve meses.

Marta vivía cerca de Lewis M. Terman, un famoso educador. Terman se quedó atónito por el éxito que el padre de Marta había conseguido y le sugirió que escribiera un relato con detalle de lo que había hecho. Este relato se publicó, con una introducción hecha por Terman, en el *Journal of Applied Psichology**, vol. II, 1918.

Coincidentemente, el padre de Marta también había usado grandes letras rojas para sus palabras, como el autor, y como la madre de Winifred.

_____

* *Diario de Psicología Aplicada.*

Al escribir sobre ella en el *Genetic Studies of Genius and Mental and Physical Traits of a Thousand Gifted Children* (1925) **, Terman dijo:

«Esta niña sustenta el récord mundial de lectura temprana. A la edad de veintiséis meses y medio su vocabulario lector estaba por encima de las setecientas palabras, y a los veintiún meses leía y captaba frases sencillas como pensamientos conectados en lugar de como palabras sueltas. Podía distinguir y nombrar todos los colores primarios.

»A la edad de veintitrés meses empezó a experimentar un placer evidente cuando leía. A los veinticuatro meses tenía un vocabulario lector de más de doscientas palabras, que se vio incrementado hasta más de setecientas dos meses y medio después.

»Cuando tenía veinticinco meses nos leyó fluidamente y con entonación cartillas para principiantes y para primer nivel que no había visto nunca. A esta edad, su habilidad lectora era por lo menos igual que la media de los niños de siete años que habían ido al colegio durante un año».

En Filadelfia los Institutos para el Logro del Potencial Humano han encontrado que es posible enseñar a leer bien incluso a niños con lesión cerebral. Esto no significa que estos niños sean superiores a los niños sin lesión; simplemente muestra que los niños muy pequeños pueden aprender a leer.

Y nosotros adultos *deberíamos* permitirles que lo hicieran, aunque solo sea porque se lo pasan fenomenal.

** *Estudios genéticos del genio y de las características fíca y mentales de mil superdotados.*

4

Los niños pequeños están aprendiendo a leer

Parece una tontería decir que sabe leer con solo tres años, pero, cuando vamos a comprar, lee los nombres de muchísimas latas y paquetes.

Casi todos los padres que tienen un niño de tres años

E N noviembre de 1962, en una reunión de un grupo de educadores, médicos y otras personas preocupadas por el desarrollo neurológico de los niños, un inspector de educación del condado contó la siguiente historia.

Había sido educador durante treinta y cinco años, y dos semanas antes de la reunión un profesor de escuela infantil había informado que cuando se preparó para leer un libro a sus niños de cinco años, uno de los niños se presentó voluntario para leerlo. La profesora destacó que el libro era nuevo y que nunca lo había visto, pero él insistió en que de todas formas podía leerlo. La profesora decidió que la forma más sencilla de disuadir al niño era dejar que lo intentara. Así lo hizo ella —y así lo hizo él—. Leyó el libro entero en voz alta para la clase, con facilidad y exactitud.

El inspector destacó que en sus treinta y dos años de vida como profesor, de vez en cuando había oído historias de niños de cinco años que sabían leer libros, pero que en esas tres décadas nunca había visto a uno que realmente supiera. Sin embargo, destacó, en los últimos tres años había habido por lo menos un niño en cada escuela infantil que supiera leer.

¡Treinta y dos años sin niños de cinco años que supieran leer y luego por lo menos un niño en cada una de estas escuelas infantiles durante los últimos tres años! El educador concluyó afirmando que había investigado cada caso para determinar quién había enseñado a leer a estos niños.

«¿Sabe quién había enseñado a leer a cada uno de esos niños?», preguntó al evolucionista infantil que moderaba la discusión.

«Sí», dijo el evolucionista, «creo que sí lo sé. La respuesta es que nadie les enseñó.»

El inspector confirmó que ese era el caso.

De alguna manera, nadie había enseñado a leer a esos niños, de la misma forma que en cierto sentido nadie enseña a los niños a comprender el lenguaje hablado.

En un sentido más amplio, todo el mundo más el entorno del niño le había enseñado a leer, de la misma forma que todo el mundo más el entorno del niño le enseña a comprender el lenguaje hablado.

Hoy día la televisión se está convirtiendo en algo normal del entorno de casi todos los niños americanos. Este es el factor más importante que se ha añadido a las vidas de estos niños que van a la escuela infantil.

Viendo los anuncios de la televisión que muestran palabras grandes y claras acompañadas de voces altas y claras, los niños inconscientemente están aprendiendo a leer. Haciendo algunas preguntas clave a adultos que no son conscientes de lo que está sucediendo, esta habilidad de la lectura se ha ido extendiendo. Al leer libros los padres a los niños, con el solo propósito de intentar entretenerlos, estos niños han adquirido un impresionante vocabulario de lectura.

En los casos en que los padres se han dado cuenta de lo que pasaba, han ayudado encantados al niño en su aprendizaje. Generalmente, lo han hecho a pesar de las predicciones catastrofistas de bienintencionados amigos que anunciaban que algo horrible y difícil de clasificar le sucedería al niño si le ayudaban a aprender a leer antes de que fuera al colegio.

Aunque no anunciamos públicamente nuestro trabajo hasta mediado el año 1963, habíamos tenido cientos de visitantes en Los Institutos y alumnos de posgraduado de Los Institutos que, antes de 1963, eran conscientes de nuestro interés por enseñar a leer a los niños muy pequeños.

Además, había bastantes más de cuatrocientas madres y padres de niños con lesión cerebral que habían pasado por varias etapas de la enseñanza de la lectura a estos niños bajo nuestra supervisión. Más de cien de estos niños con lesión cerebral tenían entre uno y cinco años, mientras que otros cien tenían seis años o más.

Era inevitable que se corriera la voz. A principios de 1963 habíamos recibido cientos de cartas. A mediados de 1963, después de la publicación de un artículo del autor en una revista nacional, habíamos recibido miles de cartas.

Un sorprendente porcentaje de estas cartas eran críticas por naturaleza y nos ocuparemos de eso después, así como de las preguntas que surgieron.

Las Madres nos escribían cartas de todas partes del país y de muchos países extranjeros. Nos encantaba y gratificaba ver que muchísimos padres habían enseñado a leer a niños de dos y tres años. En algunos casos lo habían hecho hacía quince años o más. Muchos de los niños que aprendieron de esta manera estaban ahora en la universidad o se habían graduado. Estas cartas suponían un flujo de pruebas nuevas acerca de la habilidad de los niños pequeños para leer.

He aquí varios párrafos de algunas cartas que recibimos.

Estimados señores:

... pensé que podrían estar interesados en saber que yo enseñé a leer a un bebé hace diecisiete años. No tenía un sistema de lectura y en aquella época no sabía que era tan poco usual. Surgió por lo que yo misma disfruto con los libros, y le leía a la niña cuando era muy pequeña y estaba enferma durante unos meses, así que necesitaba cosas pasivas que hacer con mi niña de dos años y medio.

Teníamos un juego con letras de cinco a siete centímetros de altura, y tarjetas con palabras sencillas en ellas. Se tomó mucho interés en estas letras y en encontrar las equivalentes en nuestros libritos. Incluso aprendió algunas palabras escribiendo en el aire.

Cuando la niña aún no tenía edad para ir a la escuela infantil, podía leer el periódico lo bastante bien como para encontrar artículos sobre fuegos, de los que se asustaba; y hacía mucho que dominaba las primeras cartillas de lectura...

Ahora es una estudiante destacada en una buena universidad y, además, tiene éxito en su vida social y en los deportes, así como en otras destrezas y cosas que le interesan. Esto es lo que le sucedió a una persona que pudo leer antes de los tres...

Estimado Señor:

... lo he visto en mi propia hija. Ahora tiene quince años... está en el grado diez, y ha sido una estudiante de sobresaliente desde que empezó.

... Tiene una maravillosa personalidad y está muy bien considerada por parte de profesores y alumnos...

Mi marido es un veterano minusválido de la Primera Guerra Mundial... Ninguno de nosotros tuvo la suficiente educación para mantener un trabajo cualificado. Él fue hasta el quinto grado y yo hasta el octavo. Nos ganamos la vida viajando y vendiendo pequeños artículos puerta a puerta. Nos compramos una casa-camión de cinco metros... Ella se crió en ese tráiler... Cuando mi hija tenía diez meses, le compré su primer libro... Realmente era un abecedario con los objetos correspondientes para cada palabra, la A con un árbol, etc. En seis meses se sabía todos los objetos y era capaz de nombrarlos. Cuando tenía dos años le compré un abecedario más grande (y también otros libros). Mientras viajábamos aprovechaba para enseñarle. Cuando estábamos parados en diferentes ciudades, ella necesitaba algo para ocupar su cabeza. Si yo estaba vendiendo, era mi marido quien se tenía que ocupar de entretenerla. Siempre quería saber cómo se deletreaban los carteles... Mi marido se lo decía. Nunca le enseñamos el abecedario realmente... Ella aprendió eso más tarde, en el colegio... Empezó el colegio el día que cumplió seis años y fue al primer grado. No tuvo ningún problema para sacar la mejor nota... Ah sí, aún vivimos en una casa-camión de diez metros. Un extremo es para sus libros... Aquí hay una biblioteca pública y se ha leído una buena parte de ella.

Sé que es una carta larga y que puede parecer presuntuoso, pero realmente no es esa la intención. Sé que si los padres jóvenes simplemente le dedicaran tiempo, habría muchísimos niños que podrían hacer lo mismo que nuestra hija, si se les diera la oportunidad. No se les debe «colocar» en el colegio cuando tienen seis años y esperar que aprendan rápidamente, sin unos mínimos cimientos desde cuando eran bebés en adelante.

... Si piensa que esta carta puede ser de alguna ayuda para los padres jóvenes, publíquela. Si no, no pasa nada. Lo principal era que quería que supiera que yo sé: «¡Que *Puedes* Enseñar a Leer a tu Bebé!».

Caballeros:

... Me gustaría añadir que lo puede hacer hasta un desinformado aficionado como yo... mi hijo mayor aprendió el abecedario accidentalmente antes de cumplir dieciocho meses...

... Para cuando tenía tres años preguntaba lo que significaban los carteles de la carretera... y leía antes de ir a la escuela infantil sin pedirme mucha ayuda, excepto para responder a sus preguntas. Aunque ahora está en el primer grado y aprendiendo a escribir ordenadamente en ese nivel, está haciendo todo lo que corresponde al segundo nivel en lo que se refiere a lectura y aritmética, y está en el nivel alto de la clase en estas... ¿un elevado cociente intelectual es el resultado de la lectura temprana, o la lectura temprana es el resultado de un elevado cociente intelectual?

... Nunca he tenido mucho tiempo para hablar con mi segundo hijo, y consecuentemente no se puede comparar... Sin embargo, no puedo evitar arrepentirme de haberle prestado a mi segundo hijo menos atención en este aspecto y que esto le pueda suponer un revés toda su vida.

... Solo decir que a ellos les *encanta aprender* y pueden aprender muchísimo más a una edad temprana cuando para ellos se trata simplemente de «un juego de niños».

Estimado Señor:

... finalmente reconocido el hecho de que los niños de dos, tres y cuatro años de edad se les puede enseñar a leer, y más aún, quieren aprender a leer. Mi propia hija se sabía su abecedario completo... y podía leer varias palabras cuando tenía dos años. Unos pocos días después de su tercer cumpleaños, de repente, pareció darse cuenta de que al leer varias palabras en una sucesión se producía ese pensamiento completo llamado frase. Desde ese momento su lectura ha progresado rápidamente y ahora, con cuatro años y medio, lee tan bien por lo menos como los niños de segundo grado del colegio.

Una doctora en Medicina de Noruega expresó estos comentarios:

Estimado señor:

He enseñado a leer a dos de mis tres hijos a los cuatro y tres años por un método ligeramente diferente. Sus argumentos me parecen muy convincentes. Desde la experiencia, pienso que su método es definitivamente mejor que el mío, e intentaré utilizarlo con mi niño pequeño (siete meses) el próximo año.

... En Noruega la lectura se les esconde tanto a los niños de preescolar como el sexo en épocas pasadas. A pesar de esto, encontré los siguientes resultados cuando examiné a doscientos preescolares: el 10% leía bastante bien y más de un tercio se sabía todas las letras.

Pienso que desarrollar el cerebro es el trabajo más importante y desafiante de nuestra época, y en mi opinión usted ha hecho un trabajo verdaderamente pionero.

Debe quedar claro que estas madres han enseñado a leer a sus hijos, o han descubierto que sus hijos podían leer, antes de que se publicase este libro y de ninguna manera constituyen confirmaciones de los métodos apuntados en el mismo. Son simplemente cartas de madres atentas que están de acuerdo en que los niños *pueden* aprender a leer, *están aprendiendo* a leer, y *deberían aprender a leer* antes de entrar en el colegio.

En Yale, el doctor O. K. Moore ha llevado a cabo una extensa investigación sobre cómo enseñar a leer a los niños preescolares. El doctor Moore cree que es más fácil enseñar a un niño de tres años que a un niño de cuatro, a uno de cuatro más fácil que a uno de cinco, a uno de cinco más fácil que a uno de seis.

Claro que es más fácil.

Debería serlo.

Sin embargo, ¿cuántas veces hemos oído decir que los niños no pueden aprender a leer hasta que tienen seis años —y que no deberían antes?

Hace aproximadamente medio siglo una mujer llamada María Montessori fue la primera mujer que se graduó en la Facultad de Medicina en Italia. La doctora Montessori se interesó por el tremendamente apartado grupo de niños a los que de forma fácil clasificaron como «retrasados.» Semejante clasificación es de lo menos científico, pues hay cientos de razones diferentes por las que el desarrollo de un niño se puede lentificar. De todas formas, María Montessori trajo a este patético e incomprendido grupo de niños un fundamento médico, solidaridad, y un punto de vista femenino.

Al trabajar con estos niños, empezó a darse cuenta de que se les podía formar para que rindieran a niveles más altos de lo que habían rendido hasta entonces, y que esto era especialmente cierto si el entrenamiento comenzaba antes de la edad escolar.

La doctora Montessori decidió, a lo largo de los años, que a estos niños se les debería enseñar a través de los sentidos y empezar a enseñarles a través de los medios visuales, auditivos y táctiles. Sus resultados fueron tan gratificantes que algunos de sus «retrasados» empezaron a rendir tan bien como los niños normales. Como resultado de esto, la doctora Montessori llegó a la conclusión de que los niños sanos no estaban rindiendo ni siquiera a un pequeño porcentaje de lo que su potencial puede desarrollar y que se les debería dar la oportunidad de hacerlo.

Las escuelas Montessori han existido en Europa desde hace muchos años para niños subnormales al igual que para niños normales. Ahora hay escuelas Montessori en Estados Unidos dedicadas a que los niños sanos en edad preescolar alcancen su potencial. Los niños tienen un extenso programa a los tres años, y normalmente el resultado es que la mayoría de ellos leen palabras a los cuatro.

La escuela Montessori más antigua en Estados Unidos es la Whitby School en Greenwich, Connecticut, y visitar esa escuela supone encontrarse con un grupo de niños encantados, felices y bien adaptados, que están aprendiendo a leer y a realizar otras tareas que hasta el día de hoy se han considerado avanzadas para los niños preescolares.

Un año después que el programa de lectura se hubiera introducido en Los Institutos, había 231 niños aprendiendo a leer. De estos niños, 143 eran menores de seis años. El resto tenían seis años o más, y no podían leer con anterioridad al comienzo del programa.

Estos niños, que tenían problemas físicos, así como problemas de lenguaje, visitaban Los Institutos cada sesenta días. En cada visita se medía su desarrollo neurológico (incluyendo su habilidad lectora). A los padres se les enseñaba entonces el siguiente paso, como describiremos posteriormente en este libro, y se les mandaba a casa para que continuasen el programa físico al igual que el de lectura.

Para cuando estos niños *con lesión cerebral* llevaban en el programa entre una visita (sesenta días) y cinco visitas (diez meses) *todos los niños* podían leer algo, desde letras del abecedario hasta libros enteros. Muchos niños de tres años con lesión cerebral en este grupo podían leer frases y libros con una comprensión total.

Como se dijo, lo anterior no demuestra que los niños con lesión cerebral sean superiores a los sanos, sino simplemente que los niños sanos no están alcanzando lo que pueden y lo que deberían.

Las cifras citadas no incluyen los cientos de problemas de lectura con los que nos encontramos en Los Institutos en niños que no tienen lesión cerebral, pero que suspenden en el colegio porque no saben leer. Ni incluyen los grupos de niños sanos de dos y tres años a quienes sus padres están enseñando a leer bajo la tutela de Los Institutos.

En la Universidad de Yale, como hemos visto, el doctor Moore está enseñando a leer a niños pequeños.

Las escuelas Montessori también.

Y Los Institutos en Filadelfia.

Es bastante posible que haya otros grupos, que el autor desconoce, que estén enseñando a leer con buen criterio a los niños pequeños, usando un sistema organizado. Un resultado de este libro debería ser descubrir lo que otros grupos están haciendo en este trabajo tan importante.

En casi todas las partes de Estados Unidos los niños pequeños están aprendiendo a leer incluso sin la ayuda de sus padres. Consecuentemente, vamos a tener que tomar algunas decisiones.

La primera decisión será si *queremos* que los niños de dos y tres años lean o no.

Si lo que decidimos es que *no* queremos que puedan leer, hay al menos dos cosas que tenemos que hacer:

1. Deshacernos de los televisores, o por lo menos prohibir que aparezcan palabras en la televisión.
2. Cuidarnos de no leer los titulares de los periódicos o los nombres de los productos a nuestros hijos.

Ahora, por otra parte, si no queremos tener todos esos problemas, podríamos tomar el camino fácil y simplemente dejarles leer.

Si decidimos tomar el camino fácil y permitir que los niños de tres años lean, deberíamos tomar partido en *lo que* leen.

Nosotros creemos que la mejor manera de enseñarles es en casa con sus padres y no a través de la televisión. Es fácil, y los padres se lo pasan casi tan bien como los niños.

Que los niños están aprendiendo a leer o no es algo que no se debería discutir. Es un hecho. La única pregunta radica en ver qué es lo que vamos a hacer al respecto.

5

Los niños pequeños deberían aprender a leer

> *Entonces, ¿no saben que el inicio de cualquier tarea es lo principal, especialmente para cualquier criatura tierna y joven? Pues es entonces cuando mejor se moldea e imprime la huella que uno desea grabar.*

> PLATÓN

ERBERT Spencer dijo que el cerebro no debería pasar más hambre que el estómago. La educación debería empezar en la cuna, pero en un ambiente interesante. La persona a quien la información se le presenta en forma de actividades pesadas y de amenazas de castigo no es probable que siga estudiando al cabo de los años, mientras que a quienes se les presenta de forma natural, en los momentos adecuados, es probable que continúen a lo largo de su vida ese proceso de autoaprendizaje que empezaron en la juventud.

Ya hemos hablado de varios niños a quienes sus madres enseñaron acertadamente y que después se desarrollaron de forma espléndida, pero esos no son ejemplos de literatura profesional.

Examinemos ahora los resultados del caso de Millie (Martha), del que informó Terman cuando la niña era más mayor.

Cuando Millie tenía doce años y ocho meses estaba dos años por delante de los niños de su edad, hallándose en la segunda mitad del curso de grado nueve. Terman informa:

«En el semestre anterior fue la única alumna del grado nueve —de entre cuarenta compañeros— que tuvo matrícula de honor.

»En nuestro seguimiento durante el curso 1927-28, lo primero que el investigador de campo preguntó al profesor de Millie fue en qué era excelente. La respuesta fue: "Millie lee maravillosamente". En una charla con el investigador Millie dijo que "si no fuera porque tengo que ir al colegio, me leería cinco libros al día". También admitió con sencillez y sin darse cuenta de que sabía leer muy deprisa, que se había leído los trece volúmenes del *Real American Romance* de Markham en una semana. Su padre, que dudaba que pudiera leer esos libros tan rápido y fuera capaz de asimilarlos, le hacía preguntas sobre lo que había leído. Ella se las respondía para su satisfacción.»

Terman concluye que no hay ninguna prueba de que a Millie le hubiera perjudicado aprender a leer cuando era un bebé, y sí de que en alguna proporción hubiera contribuido a desarrollar sus extraordinarias destrezas.

Varias de sus pruebas de cociente intelectual (CI) puntuaron por encima de 140, y era una niña fuerte y enérgica. No tuvo problemas de adaptación social, aunque sus compañeros de clase tuvieran dos o tres años más que ella.

Un CI de 140 colocaba a Millie en la categoría de superdotada. Muchos estudios indican que un gran número de adultos de gran inteligencia y de adultos superdotados podían leer antes de ir al colegio. Siempre se ha supuesto que estas personas podían leer a esa edad *porque* eran superiores. Es una frase científicamente correcta y así lo hemos aceptado.

Sin embargo, a la luz de los muchos ejemplos registrados, en que los padres han decidido enseñar a leer a los niños mucho antes de que su inteligencia pudiera ser medida con validez y, por tanto, mucho antes de poder suponer que sería un niño de inteligencia excepcional, debemos plantear algunas preguntas nuevas.

¿No será que la inteligencia de estos niños se vuelve excepcional *porque* han aprendido a leer a una edad temprana?

El hecho de que haya tantas personas de inteligencia excepcional, genios en realidad, que podían leer antes de ir al colegio, apoya ambas suposiciones con igual fuerza.

Hay más pruebas, sin embargo, que apoyan la segunda premisa de las que existen para apoyar la primera, y eso también es una suposición científica perfectamente válida.

La suposición basada en que las personas de inteligencia excepcional podían leer a una edad muy temprana *porque* son superdotadas descansa básicamente en bases genéticas y presupone que todas esas personas son superiores porque estaban genéticamente dotadas de este potencial.

No discutiremos el hecho de las diferencias genéticas entre las personas, ni nos vamos a preocupar en involucrarnos demasiado en la vieja discusión de cuál es la influencia del ambiente frente a la genética, ya que no es el tema principal de este libro.

Pero no podemos cerrar los ojos ante el gran número de pruebas que apoyan la posibilidad de que la lectura temprana tiene una gran influencia en el rendimiento futuro en la vida.

a) Muchos niños que resultaron tener una inteligencia excepcional aprendieron a leer antes de que hubiera ninguna prueba de que ellos no eran normales. En realidad, algunos padres habían decidido antes de que el niño naciera que harían de él un niño con inteligencia excepcional mediante la enseñanza temprana de la lectura, y así lo hicieron.

b) En muchos de los casos registrados, hubo niños que aprendieron a leer a edad temprana y que luego demostraron tener una inteligencia excepcional, mientras otros niños de las *mismas* familias, con los *mismos* padres y que no aprendieron a leer a edad temprana, no resultaron tener inteligencia excepcional. En algunos casos, el niño al que se enseñó a leer era el primero. En otras familias, por diferentes motivos, el niño que empezó a leer a edad temprana no era el primero.

c) En el caso de Tommy Lunski (y hay otros casos similares al suyo) no había realmente nada que indicase que Tommy tenía una dotación genética especial. Los padres de Tommy no tienen una educación que supere el graduado escolar y ninguno de los dos es intelectualmente destacado. Los hermanos de Tommy son niños promedio. Y por si esto no fuera suficiente, deberíamos recordar que Tommy era un niño con lesión cerebral severa, y que a los dos años se le recomendó que ingresara en una institución de por vida como «retrasado sin esperanzas de recuperación». No hay duda de que hoy Tommy es un niño excepcional que lee y comprende por lo menos tan bien como cualquier niño promedio del doble de edad que la suya.

¿Sería justo, científico o incluso racional referirse a Tommy como un niño «superdotado?»

Thomas Edison dijo que un genio es 10% inspiración y 90% trabajo. (Es interesante tener en cuenta que al propio Edison le consideraron «retrasado» cuando era niño.)

Ya hemos discutido bastante al detalle las seis funciones neurológicas que pertenecen solamente a los seres humanos, y hemos destacado que tres de ellas son habilidades *receptivas* mientras que las otras tres son *expresivas*.

Parece obvio que la inteligencia del hombre esté limitada por la información que puede incorporar del mundo a través de los órganos de sus sentidos. La más alta de estas habilidades receptivas es la habilidad para leer.

Es igualmente obvio que si las tres habilidades receptivas del hombre se desconectaran, se convertiría en algo que se parecería mucho más a un vegetal que a un hombre.

La inteligencia del hombre, por tanto, está limitada por la suma de estas tres características únicas en los humanos de ver y oír de un modo que culmina en la habilidad para leer y comprender el lenguaje hablado, y la habilidad especial para sentir que le capacita, en caso que lo necesite, para leer a través del tacto.

Destruye estas tres habilidades receptivas y habrás destruido lo que hace al hombre diferente de otros animales.

Limita estas tres habilidades e igualmente habrás limitado la inteligencia humana.

A no ser que una de estas habilidades esté muy desarrollada, veremos a un ser humano con una baja inteligencia.

Si una de estas habilidades está más desarrollada que las otras, la persona rendirá al máximo nivel de esa habilidad, *si se le ha dado todas las oportunidades posibles para que adquiera información por esa vía.*

Ninguna persona superará la máxima capacidad de esa habilidad receptiva sumada a la oportunidad que se le ha dado para usar esa habilidad receptiva.

Lo contrario es, por supuesto, igualmente cierto. Si el conjunto de esas tres habilidades en un ser humano es bajo, entonces ese ser humano rendirá a un nivel muy bajo, que en realidad es infrahumano.

Si pudiéramos imaginar una situación en la que el hombre de repente hubiera perdido su habilidad para leer y oír el lenguaje, sería necesario enseñar a la nueva generación a comunicarse de alguna forma nueva. Es evidente que podríamos elegir el sentido del tacto para comunicarnos, como hizo la primera profesora de Helen Keller, pues su alumna, a causa de su ceguera y sordera, no podía hablar, leer o escribir. Si la capacidad de Helen Keller para recibir el lenguaje a través del tacto hubiese sido pequeña, solo podría haber existido a nivel animal si no hubiera existido su sentido del tacto, como ocurría con la vista y el oído, solo podría haber existido a nivel vegetal.

Cuando estas capacidades se incrementan en el hombre, su habilidad para rendir se ve incrementada.

Con toda certeza, los niños con daño cerebral que aprendieron a leer a edad temprana han demostrado una habilidad muy superior a la de los niños con daño cerebral a quienes no se dio esta oportunidad. Y los niños sanos cuyos casos se han citado, y muchos otros, parecen rendir a niveles mucho más altos que sus homólogos a quienes no se les ofreció tal oportunidad.

Tal vez sea cierto que haya algunos adultos idiotas * que pueden comprender el lenguaje de forma limitada, pero lo que no hay son personas con inteligencia excepcional que *no puedan* comprender el lenguaje —y en ningún caso en nuestra cultura.

Por supuesto que ha de tenerse en cuenta que la inteligencia solo puede relacionarse con la cultura en la que se desarrolla. Si a un aborigen australiano, adulto y normal, se le llevase a la ciudad de Nueva York y se le sometiera a una

---

* Del inglés *idiot*. Persona considerada dentro del grupo de «inteligencia por defecto».

prueba de inteligencia estándar, obtendría un resultado de idiota según la escala.

Por otra parte, un adulto norteamericano normal en una tribu de aborígenes australianos estaría casi indefenso en esa cultura y probablemente no sobreviviría a menos que lo cuidara aquella gente, de forma parecida a como nosotros cuidamos a nuestros idiotas. Evidentemente, el «idiota» norteamericano sería incapaz de conseguir comida con un bumerán, incapaz de cazar lagartijas y comérselas crudas, incapaz de encontrar agua y, en particular, incapaz de comprender lo que le decían —al menos durante un tiempo.

El lenguaje es la herramienta más importante a disposición del hombre. El hombre no puede tener pensamientos más sofisticados que su lenguaje para poderlos formular. Si necesita palabras adicionales, se las debe inventar para usarlas como herramientas para concebir y comunicar el nuevo pensamiento.

Esto se ve fácilmente en nuestra sociedad tecnológica, donde cada década se tienen que inventar miles de palabras para describir los nuevos ingenios humanos. Durante la Segunda Guerra Mundial, la Quinta Fuerza Aérea entrenó a un extenso grupo de indios nativos norteamericanos en técnicas de radio y los enviaron a varias unidades en el Pacífico. Debido a que pocos japoneses, o ninguno, podían hablar choctaw o sioux, los militares esperaban ahorrar un valioso tiempo al no tener que codificar los mensajes.

No funcionó. Sencillamente, no había palabras en los idiomas indios para describir cazabombardero, avión torpedo, portaaviones, inyección de gasolina, o un sinnúmero de otros términos de la Fuerza Aérea.

Casi todas las pruebas de inteligencia aplicadas a los seres humanos dependen de la habilidad de comprender la información escrita (lectura) o en la habilidad de comprender información hablada. En nuestra cultura así es como debería ser.

Si la habilidad para leer se reduce o no existe, no hay duda de que la habilidad para la expresión de la inteligencia también disminuye marcadamente.

Entre los pueblos de la tierra que no tienen lenguaje escrito, o donde el lenguaje escrito es rudimentario, no solo es cierto que se trata de tribus incultas, sino también que su inteligencia y creatividad son bajas.

A los bebés esquimales los meten en pieles cosidas que las madres llevan a la espalda, y la oportunidad de arrastrarse o gatear les es negada hasta que tienen casi tres años. Es particularmente interesante observar que la cultura esquimal ha permanecido prácticamente inalterada por lo menos en los últimos tres mil años de los que hay registro histórico. Los esquimales *no* tienen lenguaje escrito. El idioma esquimal es muy rudimentario.

Mientras que resulta obvio que la falta de material para leer, o la falta de habilidad para leerlo, inevitablemente da como resultado una carencia educativa, lo que resulta infinitamente más importante es que da como resultado una menor inteligencia.

Es una cuestión puramente académica si los aborígenes australianos no leen porque tienen una menor inteligencia o tienen una menor inteligencia porque no leen.

La falta de lectura y la falta de inteligencia van de la mano en individuos y naciones. Lo contrario también es cierto.

La habilidad lingüística es una herramienta vital. Uno no se puede imaginar manteniendo una compleja conversación o describiendo un pensamiento complicado en el idioma de una tribu del Amazonas, aunque uno hablase el idioma fluidamente.

La habilidad para expresar la inteligencia está relacionada, por tanto, con la facilidad del idioma con que uno esté tratando.

No hay una prueba de CI verdaderamente válido para los niños menores de dos años y medio. Uno puede empezar a aplicar la prueba de Stanford-Binet a un niño de dos años y medio y conseguir resultados que quizá sean válidos para su vida posterior. A medida que la habilidad lingüística aumenta, estas pruebas aplicadas son más válidas, y un poco después se pueden usar las pruebas de Weschler-Bellevue.

Naturalmente, la destreza que se le requiere a un niño cuando se mide su CI cada año es mayor. Por tanto, está claro que si la competencia verbal de un niño es más avanzada que la de los otros niños de su edad, será considerado, según la prueba, más inteligente que los otros niños.

A Tommy Lunski lo clasificaron como desahuciado idiota a los dos años, *principalmente porque no podía hablar* (y por tanto expresar su inteligencia), a la vez que fue considerado un niño superior a los cinco *porque sabía leer maravillosamente.*

Está clarísimo que la habilidad para leer, y a una edad temprana, tiene mucho que ver con la medición de la inteligencia. Al final importa poco si la habilidad para expresar la inteligencia es una prueba válida para la inteligencia misma —es la prueba con la que se juzga la inteligencia.

Cuanto antes lee un niño, más posibilidades tiene de leer y de leer mejor.

Entonces, algunas razones por las que los niños deberían aprender a leer cuando son muy pequeños son estas:

a) La hiperactividad del niño de dos y tres años es, en realidad, el resultado de una inagotable sed de aprendizaje. Si se le brinda la oportunidad de saciar esa sed, al menos durante un poco de tiempo, será muchísimo menos hiperactivo, estará mucho más protegido de los accidentes y podrá aprender mucho mejor sobre el mundo cuando se esté moviendo y aprenda sobre el mundo físico y sobre sí mismo.

b) La habilidad del niño para absorber información a los dos y tres años nunca volverá a ser igual.

c) Es infinitamente más sencillo enseñar a leer a un niño a esta edad de lo que será a cualquier otra con posterioridad.

d) Los niños a quienes se ha enseñado a leer a una edad temprana asimilan una *mayor cantidad de información* que aquellos cuyos intentos por aprender fueron frustrados.

e) Los niños que aprenden a leer cuando son pequeños tienden a comprender mejor que los jóvenes que no aprendieron. Es interesante escuchar al niño de tres años cuando lee con inflexiones y significado, en contraste con la lectura normal de un joven de diecisiete, que lee las palabras separadas unas de otras y sin apreciar el sentido de la frase como un todo.

f) Los niños que aprenden a leer cuando son muy pequeños tienden a leer mucho más rápidamente y comprenden mucho mejor que los niños que no aprenden a esa edad. Esto sucede porque los niños pequeños se atemorizan mucho menos por la lectura y no la consideran una «asignatura» llena de temerosas abstracciones. Los pequeños lo ven como algo fascinante en un mundo repleto de cosas fascinantes que aprender. No se «detienen» en los detalles, sino que abordan la lectura en un sentido completamente funcional, y tienen mucha razón al hacerlo así.

g) Finalmente, y por lo menos de tanta importancia como las razones expuestas anteriormente —a los niños les encanta aprender a leer a una edad muy temprana.

6

¿Quién tiene problemas, los niños pequeños que leen o los que no leen?

> *A muchos de estos niños se les considera super-dotados, pero donde los registros son adecuados, los lectores precoces habían recibido mucho estímulo tem-prano. En consecuencia, etiquetar a un niño como superdotado de ninguna manera anula la necesidad de estimularlo... ha de aprender.*
>
> WILLIAM FOWLER, *El aprendizaje cognitivo en la infancia y la niñez temprana*

SENTÍ la tremenda tentación de titular este capítulo «Algo horrible va a suceder», pues su propósito es tratar sobre las terribles predicciones respecto a lo que les sucederá a los jóvenes que leen demasiado pronto. También me sentí tentado por el título «Nadie escucha a las madres», que es, al menos parcialmente, la razón de la aparición de muchos mitos sobre los jóvenes.

Hay un mito muy extendido que solo determinados expertos comprenden a los niños. De entre los innumerables y diferentes expertos que tratan con niños, hay muchísimos que insisten en que las madres:

a) No saben mucho de niños.

b) Son observadoras imprecisas de sus propios hijos.

c) Dicen mentiras sobre las habilidades de sus propios hijos.

Nuestra experiencia nos dice que eso está muy alejado de la realidad.

Aunque nos hemos encontrado madres que cuentan historias fantásticas e inciertas sobre sus hijos y que no los entienden, pensamos que en la realidad son una minoría. En su lugar, hemos encontrado madres que son observadoras cuidadosas y precisas de sus propios hijos, y son, además, las más realistas. El problema es que casi nadie las escucha.

En Los Institutos vemos cada año a más de mil niños con lesión cerebral. No hay prácticamente nada que una madre tema más que tener un hijo con lesión cerebral. Y si ella lo sospecha, quiere averiguarlo inmediatamente para poder empezar a hacer lo que se tenga que hacer.

En aproximadamente novecientos de cada mil casos vistos en Los Institutos, fue la Madre quien se dio cuenta que *algo* iba mal con el bebé. En la mayoría de los casos, la Madre lo pasó mal convenciendo a todos —incluido el médico de familia y otros profesionales— que algo iba mal y que se debería hacer algo en ese preciso momento.

Da igual el tiempo y el esfuerzo de todos para convencerla de lo contrario. Ella persiste hasta que se reconoce la situación. A veces le lleva años. Cuanto más quiere al bebé, más se desapega al evaluar su condición. Si el niño tiene un problema, no descansará hasta que se resuelva.

En Los Institutos hemos aprendido a escuchar a las madres.

Sin embargo, cuando se trata de niños sanos, muchos profesionales han tenido éxito intimidando seriamente a las madres. Se las han arreglado para que las madres repitan como loros muchas palabras de la jerga profesional que casi nadie entiende. Y lo peor de todo es que han estado a punto de terminar con las reacciones instintivas de las madres en la educación de sus hijos, convenciéndolas de que las estaban traicionando sus instintos maternales.

Si esta tendencia continúa, corremos el grave riesgo de persuadir a las madres para que vean a sus pequeños no como niños, sino como montones de impulsos del ego y montones de oscuros, raros y asquerosos simbolismos que una madre sin formación jamás podría comprender.

Tonterías. La experiencia nos dice que las madres son las mejores madres.

En ningún lugar hemos juntado más mitos y miedos, o hemos forzado a las madres a anular sus instintos maternales que en el área del aprendizaje preescolar.

En la actualidad muchas madres han llegado a creerse cosas simplemente porque se las han repetido con insistencia. Intentaremos tratar seriamente estas afirmaciones comunes, que son mitos de alguna manera.

1. *El mito:* Los niños que leen demasiado pronto tendrán problemas de aprendizaje.

   La realidad: Ningún niño que yo conozca personalmente, ni ninguno de los niños sobre los que he leído que aprendieron a hacerlo en casa, hemos encontrado que sea este el caso. De hecho, en la mayoría de los casos, la verdad es precisamente lo contrario. Muchos de los resultados de la lectura temprana ya se han descrito.

   Es difícil comprender por qué hay tanta sorpresa sobre el hecho de que semejante porcentaje de niños tenga problemas de lectura. No es en absoluto sorprendente. Lo que sí es sorprendente es que *alguien* aprenda a leer, al iniciar su aprendizaje, como lo inicia la mayoría cuando su capacidad para aprender de forma fácil y natural esté a punto de terminar.

2. *El mito:* Los niños que leen demasiado temprano serán pequeños geniecillos insoportables.

   La realidad: Venid, venid, inventores de mitos, juntémonos. ¿Los lectores tempranos van a ser tontos o genios? Es realmente sorprendente cómo la misma persona te cuenta el mito 1 y el 2. La realidad es que ninguno es cierto. Donde hemos visto lectores tempranos, hemos visto niños felices y bien adaptados que tenían más con lo que disfrutar que otros niños. No mantenemos que la lectura temprana vaya a *resolver* todos los problemas que puedan acontecer a un niño, y suponemos que si miras con un poco de profundidad podrías descubrir a un niño que fue un lector temprano y que por otras razones se convirtió en un niño desagradable. La experiencia nos dice que tendrías que mirar con mayor detalle entre el grupo de los lectores que entre los que aprendieron a leer en el colegio. Estamos bastante seguros que podrías encontrar muchos niños infelices y mal adaptados entre aquellos que *no saben* leer cuando llegan al colegio. Son muy comunes en realidad.

3. *El mito:* El niño que lee demasiado pronto creará problemas en el primer grado.

   La realidad: Este no es enteramente un mito, pues en parte es verdad. Causará problemas al principio. No para *él,* sino para el profesor. Ya que se entiende que los colegios están ahí para el beneficio del alumno y no para el del profesor, será necesario que el profesor se ejercite un poquito en resolver su problema. A diario, cientos de buenos profesores están haciendo justamente eso, sin problema. Son los pocos profesores que no quieren hacer ese esfuerzo los responsables de que esta queja siga circulando. Pero cualquier profesor que se precie sabe cómo tratar al lector avanzado con un poquito del tiempo y el esfuerzo necesario para afrontar los problemas de la legión de niños que *no saben* leer. En realidad, un profesor de primer grado en una clase llena de niños que supieran leer y además les encantara, tendría relativamente pocos problemas. Esta situación resolvería muchos problemas más adelante, ya que se invierte mucho tiempo en todos los cursos posteriores con los niños no lectores.

Es una pena que el profesor del primer grado no pueda resolver todos sus problemas (y tiene docenas de ellos) tan fácilmente como puede convivir con un niño que sabe leer cuando llega al primer grado. Cientos de buenos profesores de primer grado de forma natural dan libros al niño para que lea por su cuenta mientras esforzadamente explica el abecedario a sus compañeros. Muchos profesores van incluso más allá y ponen al niño a leer en voz alta para sus compañeros. El niño generalmente disfruta al demostrar su habilidad, y los otros niños se asombran menos cuando ven que se puede hacer. Los buenos profesores tienen buenas estrategias para tratar este «problema.»

¿Qué hacemos con los profesores sin imaginación? Eso es un problema, ¿verdad? Es un problema para *todos* los niños en cualquier clase donde haya un mal profesor. Hay muchísimas probabilidades de que suceda lo siguiente cuando en una clase de primer grado hay un profesor así. El niño que será mejor en el segundo grado es el que sabía leer antes de ir al colegio. No necesitaba el primer grado ni por aproximación tanto como los otros niños.

Irónicamente, incluso el colegio que se queja de un niño que sabe leer antes del primer grado está luego extremadamente orgulloso del niño que es un excelente lector en el *segundo* grado. Uno de los problemas más fáciles con que cualquier profesor sensato de primer grado se tiene que enfrentar es qué hacer con el niño que *sabe* leer. El problema más difícil para él, y el que más tiempo le quita, es el niño al que *no puede* enseñar a leer.

Incluso si todo esto no fuera verdad, ¿alguien discutiría seriamente que deberíamos impedir que un niño aprendiera para mantenerle al nivel medio de sus compañeros?

4. *El mito:* El niño que aprende a leer demasiado temprano se aburrirá en el primer grado.

La realidad: Este es el miedo que se apodera de la gran mayoría de las madres y es la cuestión más sensata de todas. Para decirlo con más precisión, lo que aquí realmente estamos preguntando es: «¿No se aburrirá en el primer grado el niño que ha aprendido *demasiado*?».

La respuesta a esto es que, sí, hay una buena probabilidad de que se aburra en el primer grado casi *de la misma manera que cualquier otro niño en el primer grado.* ¿Ha vuelto a vivir el lector días la mitad de largos de los que pasó en el primer grado? La mayoría de los colegios en la actualidad son mucho mejores de lo que eran cuando el lector de este libro fue al colegio. Pero pregunta a prácticamente cualquier niño de primer grado cuánto dura un día en el colegio comparado con un sábado o un domingo. ¿Acaso su respuesta significa que no quiere aprender? En absoluto, pero cuando los niños de cinco años continúan las sofisticadas conversaciones que mantienen, ¿podemos esperar de ellos que se emocionen cuando leen algo tan difícil como «Ve el automóvil. Es un bonito automóvil rojo»? El niño de siete años que tiene que leer esas frases no solamente puede ver el bonito coche rojo, te puede decir la marca, el año, el modelo y probablemente la cilindrada. Si hay algo más que quieras saber sobre el bonito coche rojo, ve y pregúntale. Sabe más del coche que tú. Los niños se aburrirán en el colegio hasta que no les demos el material que les interese.

Suponer que el niño que más sabe será el que más se aburra es suponer que el niño que menos sabe es quien más interés mostrará y, por tanto, el que menos se aburrirá. Si la clase no es interesante, todos se aburrirán. Si es interesante, solo los que no son capaces de comprender se aburrirán.

5. *El mito:* El niño que aprende a leer demasiado temprano tendrá mala fonética.

La realidad: Él puede que se equivoque en la fonética, pero aprenderá a corregirlo. Lo siguiente puede que sea un mal juego de palabras, pero es una realidad.

El doctor O. K. Moore, que ha sido mencionado previamente como uno de los verdaderos pioneros en enseñar a leer a niños de tres años, se ha negado a participar en la eterna e inútil discusión entre los que abogan por el método de lectura «mira y repite» y los que defienden el enfoque «fonético.» Dice que es una lucha estéril.

En la actualidad, no hay un método que sea el «mejor» para enseñar a leer a los niños pequeños. Ciertamente no hay un método exclusivo, otro que no sea el de enseñar a un niño el lenguaje a través de su oído. Es probable que te preguntes: «¿Enseñé a mi niño a escuchar por el método "fonético" o por el método "escucha repite", o simplemente lo expuse al lenguaje hablado?». También puede que te preguntes: «¿Qué tal le ha ido?». Si él aprendió a oír y hablar el lenguaje bastante bien, puede que el sistema que utilizaste fuera un sistema bastante bueno.

Los materiales que nosotros usamos en Los Institutos para ayudar a aprender a leer a los niños pequeños no contienen magia negra, ni roja. Son simplemente un método para enseñar al niño a leer que es claro, ordenado y organizado. Se basan en la comprensión de cómo crece el cerebro de un niño y en la experiencia con muchísimos niños tanto sanos como con lesión cerebral. Son simplemente un método que tiene la virtud de funcionar con un alto porcentaje de niños pequeños.

Sí, es verdad. Tu niño puede ahorrarse la fonética si tú le enseñas a leer cuando es muy pequeño, ¿no te parece maravilloso?

6. *El mito:* El niño que lee demasiado temprano tendrá un problema de lectura.

   La realidad: Puede que sí, pero la probabilidad de tenerlo será mucho menor que si aprende a leer a la edad usual.

   Los niños que *saben* leer no tienen problemas de lectura. Aquellos que *no saben* leer tienen los problemas.

7. *El mito:* El niño que lee demasiado temprano se quedará sin su preciada infancia.

   La realidad: De todos los tabúes que se han inventado acerca de los niños y la lectura, esta es la tontería más grande. Observemos la vida por un instante y examinemos los hechos, no un montón de ilusorios cuentos de hadas.

   ¿Está el niño normal de dos o tres años ocupado todos los minutos del día pasándoselo en grande, haciendo lo que más le gusta hacer? Lo que más le gusta es pasarse todo el tiempo posible trabajando y jugando con su familia. Nada, absolutamente nada, se puede comparar con la plena atención de la familia, y si él pudiera decidir, así es como lo dispondría.

   Pero ¿qué niño en nuestra sociedad, nuestra cultura y nuestro tiempo tiene esa infancia? Los pequeños detalles prácticos se siguen interponiendo. Detalles como: quién va a limpiar la casa, quién va a poner la lavadora, quién va a planchar, quién va a hacer la cena, quién va a lavar los platos, quién va a ir a la compra. En la mayoría de las casas que conocemos es Mamá quien hace esas cosas.

   A veces, si Mamá es lo bastante lista, y si Mamá es lo bastante paciente, puede encontrar formas de hacer estas cosas con su pequeño de dos años; como inventarse un maravilloso juego de lavar los platos. Cuando puede, es algo verdaderamente bueno.

Sin embargo, la gran mayoría de las madres que conocemos no han podido compartir todos sus quehaceres con sus hijos. El resultado de todo esto es que los niños de dos años se pasan un alto porcentaje de su tiempo gritando de angustia para salir del parquecito. La madre simplemente lo tuvo que meter ahí para que no se electrocutase, se diera algún golpe, se cortara o se cayera por la ventana mientras ella hacía algo.

¿Es esta la maravillosa infancia que diríamos que se perdería mientras aprendía a leer? Así es, más o menos, en casi todas las casas que conocemos. Si este no es el caso en *tu* casa, y tú eres una de las personas que puedes y dedicas tu atención casi todo el día a tu niño de dos años, entonces pensamos que no tienes nada por lo que preocuparte y que es muy probable que tu niño de dos años ya sepa leer. No puedes estar todo el día, todos los días enseñándole a jugar con las manos *.

No hemos conocido a una sola madre, por muy ocupada que estuviera, para la que no fuese una prioridad encontrar un poco de tiempo para estar con su hijo durante sus primeros años. La cuestión es cómo aprovechar ese tiempo de la manera más fructífera, útil y feliz. Es realmente cierto que no queremos desaprovechar un solo minuto que pueda ayudar a criar un niño más feliz, más capaz y más creativo.

Los que hemos pasado nuestras vidas como miembros de una organización que se ocupa del desarrollo

---

* En el original *patty cake,* que es una canción utilizando las manos al que juegan las mamás norteamericanas con sus hijos. (*N. de la T.*)

de los niños, estamos convencidos de que no hay una forma más productiva y agradable de ocupar unos pocos minutos al día —para una madre y su hijito— que dedicarlos al aprendizaje de la lectura.

La alegría que el padre o la madre y el niño experimentan a medida que este aprende el significado de las palabras, frases y libros, no se puede comparar con nada. Es uno de los grandes logros de una infancia verdaderamente valiosa.

Finalicemos volviendo con Millie y sus padres. En la historia que publicó sobre Millie, su padre afirmaba parte del caso correcta y sucintamente al decir: «Si aprender a leer no hubiera ocupado la atención de la niña, lo hubiera ocupado otra cosa menos provechosa».

Pero la madre de Millie, haciendo uso de sus atributos femeninos, dijo la última palabra, y probablemente la más importante: «Disfrutamos tanto una de la otra que parece que no nos importan los que están alrededor, aunque me temo que es bastante egoísta por nuestra parte».

8. *El mito:* El niño que aprende a leer demasiado temprano sufrirá «demasiada presión».

La realidad: Si lo que este mito quiere decir es que se le puede poner demasiada presión al niño al enseñarle a leer, entonces es completamente cierto. Es igualmente cierto que podemos poner demasiada presión a un niño al enseñarle cualquier otra cosa.

Presionar a un niño por cualquier cosa es una estupidez, y de forma urgente aconsejamos a todos los padres en contra de esto. Así que no lo hagáis. Ahora la cuestión aquí es qué tiene que ver presionar con ofrecer al niño la oportunidad de aprender a leer. Si el lector decide que le gustaría seguir el consejo que contiene este libro, la respuesta es que no hay conexión entre la presión y cómo un niño debería aprender a leer. De hecho, no solo no aconsejamos a los padres que *no* presionen a sus hijos, sino que insistimos en que a menos que *ambos* —padre/madre e hijo— estén al mismo nivel mental y deseosos de leer, al niño ni siquiera se le debería *permitir* leer.

Hay probablemente un montón más de historias de fantasmas sobre las cosas horribles que le sucederán a tu hijito si le enseñas a leer, pero en todos nuestros años de experiencia nunca hemos visto un solo resultado de infelicidad. Todas las predicciones catastrofistas que hemos oído están basadas en la falta de comprensión del proceso de desarrollo del cerebro, del cual la lectura debería ser una parte.

En línea con esto, podríamos reiterar uno de los temas más importantes de este libro. Dicho así, desde un punto de vista neurológico, la lectura no es una asignatura de colegio en absoluto: es una función cerebral.

El lenguaje escrito es una función cerebral exactamente igual que lo es el lenguaje hablado.

¿Cuál sería nuestra reacción si, al examinar las asignaturas de la clase de un niño, encontrásemos que tiene geografía, ortografía, ciencias sociales y escucha?

Con toda seguridad, diríamos ¿qué está haciendo ahí la escucha, como asignatura de colegio? La escucha, diríamos nosotros con toda seguridad, es algo que el cerebro hace, y no hay que confundirlo con las asignaturas que se enseñan en el colegio.

También lo es la lectura.

El deletreo, o la ortografía, por otra parte, *es* propiamente una asignatura de colegio.

Un niño puede ser un gran lector y no tener necesariamente una buena ortografía. Hay dos cosas diferentes y dos procesos totalmente opuestos. Leer es algo que el cerebro hace, y la ortografía es una asignatura sobre ciertas reglas que la gente se ha inventado para ayudar a leer y escribir de manera ordenada. Cuando el profesor enseña a deletrear, está transmitiendo los conocimientos que el hombre ha acumulado. Cuando un niño lee, su cerebro no tiene en cuenta los detalles de cómo está construida la palabra. El cerebro del niño está realmente interpretando pensamientos, los que expresa el escritor.

Dejemos al lector que se haga dos preguntas:

1. ¿Puede leer algunas palabras que es incapaz de deletrear? Por supuesto que puede —muchas.
2. ¿Puede deletrear algunas palabras que no sabe leer? Por supuesto que no. Leer es una función cerebral, y deletrear es una serie de reglas. De la misma forma que podemos leer y comprender palabras que no podemos deletrear, podemos incluso leer y comprender palabras que no podemos pronunciar. Los autores escucharon recientemente a un buen profesor con un doctorado pronunciar mal la palabra «epítome». Evidentemente, había estado utilizando la palabra durante años y utilizándola correctamente. Incluso si se hubiera formado en fonética (algo que probablemente haya hecho), aun así habría pronunciado mal esta palabra. Sencillamente la había aprendido leyendo, como aprendemos la gran mayoría de las aproximadamente cien mil palabras que comprende un voca-

bulario decente. ¿Cuántas de esas palabras *nos ense-ñaron* en el colegio? Solo un pequeño porcentaje. Vamos al colegio con un tremendo vocabulario hablado. Nos enseñan a leer como mucho, unos miles de palabras más. Las miles de palabras restantes que hemos venido a conocer las hemos aprendido nosotros escuchando, leyendo y, en muy raras ocasiones, comprobándolas en el diccionario.

Por todo lo dicho, ¿realmente queremos decir que nos opo-nemos a que los niños aprendan a deletrear? Por supuesto que no. La ortografía es una asignatura muy apropiada para el colegio y de gran importancia.

Quizá, algún día en el futuro, todo el mundo llegue a la conclusión de que los niños pequeños deberían aprender a leer en casa de la misma manera que aprenden a escuchar en casa. Qué bendición sería para la privilegiada madre, para el afortunado niño, para el profesor desbordado de tra-bajo (que entonces podría usar su tiempo en transmitir a sus alumnos el soberbio almacén de conocimientos que el hom-bre ha acumulado). Y qué bendición sería también para los sistemas escolares con bajo presupuesto, pocas instalaciones y poco personal.

Mira a tu alrededor y verás cuáles son *los verdaderos* pro-blemas de la escuela.

Observa a los primeros diez niños de cada clase en el co-legio y averigua cuál es el factor común destacado en el grupo. Es fácil —son los que mejor leen.

Los niños *que no leen* son el mayor problema de la edu-cación en Estados Unidos.

7

Cómo enseñar a leer a su bebé

Nosotras, las madres, somos las artesanas;
nuestros hijos, la arcilla.

WINIFRED SACKVILLE STONER,
Natural Education

L AS instrucciones casi siempre empiezan diciendo que si no las sigues con precisión, no funcionan.

En contraste con eso, se puede afirmar sin ningún género de duda que aunque tu hijo esté expuesto pobremente a la lectura, seguro que aprenderá más que si no lo hubiera estado en absoluto; por consiguiente, este es un juego en el que siempre ganarás algo, lo hagas bien, mal o regular. Tendrías que hacerlo pésimamente para que no produjera ningún resultado.

De todas formas, cuanto más astuto seas en el juego de enseñar a leer a tu bebé, más rápidamente y mejor aprenderá a leer.

Si juegas correctamente a enseñar a leer, tanto tú como tu hijo lo disfrutaréis inmensamente.

Se tarda menos de media hora al día.

Revisemos los puntos cardinales a recordar sobre el niño mismo antes de entrar en el tema de cómo enseñarle a leer:

1. El niño menor de cinco años puede asimilar fácilmente cantidades tremendas de información. Si el niño es menor de cuatro, será más fácil y efectivo; si es menor de tres, incluso más fácil y mucho más efectivo, y si es menor de dos, es cuando es más fácil y efectivo que nunca.
2. El niño menor de cinco años puede asimilar información a un ritmo alto.
3. Cuanta más información asimila el niño antes de los cinco años, más retiene.
4. El niño menor de cinco tiene una tremenda cantidad de energía.
5. El niño menor de cinco tiene un monumental deseo de aprender.
6. El niño menor de cinco puede aprender a leer y quiere aprender a leer.
7. El niño menor de cinco aprende un idioma entero y puede aprender tantos idiomas como se le enseñen. Puede aprender a leer un idioma o siete con tanta facilidad como comprende el lenguaje hablado.

FUNDAMENTOS EDUCATIVOS

A qué edad empezar

La pregunta de cuándo empezar a enseñar a leer a un niño es fascinante. ¿Cuándo está un niño preparado para aprender a leer cualquier cosa?

Una vez una madre preguntó a un famoso evolucionista infantil a qué edad debería empezar a enseñar a su hijo.

Él le preguntó: «¿Cuándo nacerá su hijo?».

«Bueno, ya tiene cinco años», dijo la madre.

«Señora, vaya corriendo a casa. Ha desperdiciado los mejores cinco años de su vida», aseguró el experto.

Después de los dos años, leer se hará más difícil cada año. Si tu niño tiene cinco años, le será más fácil que si tuviera seis. Con cuatro más fácil todavía, y con tres aún más.

El mejor momento para empezar es con un año o menos, si quieres invertir la menor cantidad de tiempo y energía en enseñar a leer a tu niño.

Realmente puedes empezar este proceso desde el nacimiento. En el fondo, al bebé le hablamos cuando nace —esto hace crecer la vía auditiva. También le podemos ofrecer lenguaje a través del ojo —esto hace que crezca la vía visual.

Hay dos aspectos *vitales* en la enseñanza de tu hijo:

1. Tu actitud y método.
2. El tamaño y el orden de la materia de lectura.

Actitud de los padres y método

Aprender es la aventura más grande de la vida. Aprender es un deseo, es vital, inevitable y, sobre todo, el juego más estimulante y más grandioso de la vida. El niño cree esto y siempre lo creerá —a menos que lo convenzamos de que no es verdad.

La regla fundamental es que tanto el padre y/o la madre como el niño deben disfrutar del aprendizaje de la lectura como el fabuloso juego que es. El padre * nunca debe olvidar que aprender es el juego más emocionante de la vida —no es

---

* Del inglés *parent,* que se refiere indiferentemente al padre o a la madre. (*N. de la T.*)

trabajar—. Aprender es una recompensa; no un castigo. Aprender es un placer; no una tarea. Aprender es un privilegio, no una negación.

El padre debe recordar esto siempre y nunca debe hacer nada para destruir esta actitud natural en el niño.

Hay una ley sagrada que nunca debes olvidar. Es esta: si no te lo estás pasando en grande y tu hijo no se lo está pasando en grande, detente. Estás haciendo algo mal.

El mejor momento para enseñar

Una madre no debe nunca jugar a este juego a menos que *ella* y su bebé estén felices y en buena forma. Si el niño está irritable, cansado o tiene hambre, no es un buen momento para hacer el programa de lectura. Si la madre se siente nerviosa o fuera de sí, no es un buen momento para hacer el programa de lectura. En un día malo es mejor no jugar a leer. Todas las madres y todos los niños tienen días en los que todo sale mal o simplemente parece que las cosas no van bien. Las madres sabias no hacen el programa de lectura en días así, y se dan cuenta perfectamente de que hay muchos más días felices que torcidos y que la alegría de aprender a leer se debe estimular escogiendo los mejores momentos, y los más felices, para conseguirlo.

Nunca enseñes nada a un niño cuando está cansado, enfadado o tiene hambre. Averigua qué le pasa y maneja la situación. Entonces puedes volver a la alegría de enseñarle a leer y de pasarlo fantástico juntos.

La cantidad de tiempo más adecuada

Asegúrate de que el juego dura muy poco. Al principio, se jugará tres veces al día, pero cada sesión durará solo unos pocos segundos.

En lo que se refiere a cuándo terminar cada sesión de aprendizaje, el padre debe tener una gran previsión.

Detente siempre antes de lo que el niño quiere

El padre debe conocer lo que el niño está pensando un poquito antes de que el niño lo sepa, y entonces debe parar.

Si el padre siempre observa este hecho, el niño suplicará al padre que juegue a leer y el padre estará estimulando en lugar de destruyendo el deseo natural que el niño tiene por aprender.

La manera de enseñar

Tanto si la sesión de lectura consiste solo en cinco palabras, frases o en un libro, tu entusiasmo es la clave. A los niños les encanta aprender y lo hacen *muy rápidamente*. Por tanto, debes mostrar tu material *muy rápidamente*. Nosotros los adultos hacemos casi todo demasiado despacio para los niños y no hay un campo donde se demuestre de forma más dolorosa que en la forma como los adultos enseñan a los niños pequeños. Generalmente esperamos que un niño se siente y mire fijamente a sus materiales, para que parezca como si se estuviera concentrando en ellos. Esperamos que parezca un poco infeliz para demostrar que realmente está aprendiendo.

Pero los niños no piensan que aprender sea doloroso, y los adultos sí.

Cuando muestres las tarjetas, hazlo tan rápido como puedas. Te convertirás cada vez más en un experto en esto a medida que lo hagas. Practica un poquito con papá o mamá hasta que te sientas cómodo. Los materiales están cuidadosamente diseñados para ser grandes y claros, de manera que se los puedas enseñar muy rápidamente y que tu niño los vea fácilmente.

A veces, cuando una madre va más deprisa se puede convertir en un poco mecánica y perder el entusiasmo natural y «la música» en su voz. *Es* posible mantener el entusiasmo y un sonido con sentido e ir muy rápidamente de forma simultánea. Es importante que lo hagas así. El interés de tu hijo y el entusiasmo por sus sesiones de lectura estará muy relacionado con estas tres cosas:

1. La velocidad a la que se muestra los materiales.
2. La cantidad de material nuevo.
3. El carácter alegre de la madre.

El tema de la velocidad, por sí mismo, puede marcar la diferencia entre una sesión adecuada y otra que sea demasiado lenta para tu hijo tan inteligente y ansioso.

Los niños no miran fijamente —no *necesitan* mirar fijamente—, absorben al instante, como esponjas.

Introducir material nuevo

Es inteligente, llegado este momento, hablar sobre el ritmo al que cada niño debería aprender a leer o, en general, aprender cualquier cosa.

John Ciardi, en su escrito del 11 de mayo de 1963, en el *Saturday Review,* decía que a un niño se le debería proporcionar conocimientos nuevos «al ritmo que determine su propio apetito».

Esto, pienso yo, resume la situación maravillosamente.

No temas seguir la dirección de tu hijo. Te puedes sorprender del tamaño de su apetito y del ritmo al que quiere aprender.

Tú y yo fuimos criados en un mundo que nos enseñó que uno debe aprender veinte palabras perfectamente. Debemos aprender y aprobar el examen con un diez por la cuenta que nos tiene.

En vez del 100 por 100 de veinte, ¿qué te parece un 50 por 100 de dos mil? No necesitas ser un genio en matemáticas para saber que mil palabras son muchas más que veinte. Pero lo realmente importante aquí no es el mero hecho de que los niños puedan retenerse cincuenta veces más de lo que nosotros les ofrecemos. Lo importante es lo que sucede cuando les enseñas la palabra número veintiuno y la número dos mil uno. Aquí es donde se esconde el secreto de la enseñanza a los niños pequeños.

En el caso anterior el efecto de la introducción de la palabra número veintiuno (cuando el niño ha visto las primeras veinte *ad infinitum* y *ad nauseun*) será mandarlo a correr en dirección opuesta tan rápido como pueda. Este es el principio básico que se sigue en la educación tradicional. Nosotros los adultos somos expertos en lo amuermante que este método puede ser. Lo hemos soportado durante doce años.

El último caso, el de la palabra dos mil una, nos espera ansiosamente. La alegría por el descubrimiento y el aprendizaje de algo nuevo es aplaudido y la curiosidad natural y el amor por aprender que nace en cada niño se cuida como debe ser.

Tristemente, a veces un método cierra la puerta del aprendizaje para siempre. El otro método la abre de par en par y la asegura contra intentos futuros de cerrarla.

De hecho, tu hijo aprenderá muchísimo más del 50 por 100 de lo que tú le enseñas. Es más que probable que aprenderá entre el 80 por 100 y el 100 por 100. Pero si aprende el 50 por 100, porque eso fue lo que le ofreciste, ya sería feliz.

¿Y no es esto de lo que se trata, después de todo?

Consistencia

Es sabio que te organices tú mismo y tus materiales antes de empezar, porque, una vez que comiences, querrás establecer un programa consistente. Un programa modesto hecho de forma consistente y feliz tendrá infinitamente más éxito que un programa excesivamente ambicioso que agobia a la Madre y por tanto se lleva a cabo muy esporádicamente. Un programa de hoy, sí —mañana no, no será efectivo—. Ver los materiales repetidamente es vital para aprenderlos. El disfrute de tu hijo se deriva de un conocimiento verdadero y puede ser logrado con un programa hecho a diario.

Sin embargo, a veces *es* necesario dejar el programa por unos días. No pasa nada mientras no ocurra con demasiada frecuencia. Ocasionalmente, dejarlo por unas semanas o incluso meses puede ser vital. Por ejemplo, la llegada de un nuevo bebé, una mudanza, un viaje o una enfermedad en la familia que rompa la rutina diaria. Durante estas contrariedades lo mejor es dejar tu programa *por completo.* Utiliza este tiempo para leer con tu hijo, pues lo único que requiere es un viaje a la biblioteca una vez a la semana y un tranquilo tiempo de lectura diaria. No intentes hacer un programa a medias durante estas épocas. Será frustrante para ti y para tu hijo.

Cuando estés preparado para volver a un programa consistente, comienza exactamente donde lo dejaste. No vuelvas y comiences de nuevo desde el principio.

Tanto si decides hacer un programa de lectura modesto o uno extenso, haz lo que se ajuste a ti *de forma consistente*. Verás cómo tu hijo disfruta y gana confianza día a día.

La preparación del material

Los materiales utilizados en la enseñanza de la lectura para tu bebé son extremadamente sencillos. Están basados en muchos años de experiencia de trabajo de un equipo de gente especializada en el desarrollo del cerebro del niño. Este equipo ha estudiado cómo crece y funciona el cerebro. Los materiales están diseñados partiendo de la base de que la lectura es una función *cerebral*. Están hechos de acuerdo con las capacidades y las limitaciones del aparato visual del bebé, y están diseñados para satisfacer todas las necesidades, tanto de visión gruesa como fina, desde la función cerebral a aprendizaje cerebral.

Todos los materiales se deberían hacer en cartulina blanca de cierto grosor, para que puedan sobrevivir al trato, no siempre cuidadoso, que van a recibir.

Necesitarás una buena provisión de cartulina blanca cortada en tiras de 10 por 60 centímetros. Si es posible, cómpralas cortadas al tamaño que quieras. Eso te ahorrará mucho tiempo en cortar, una tarea más pesada que la de escribir palabras.

Necesitarás también un rotulador grande de punta roja de fieltro. Compra el de punta más ancha —cuanto más ancho sea el rotulador, mejor.

El siguiente paso es escribir las palabras en la tira de cartulina. Haz las letras con una altura de 7,5 centímetros. Utiliza letras minúsculas salvo en el caso de los nombres propios, que siempre empiezan por mayúscula. De no ser así, siempre utilizarás letras minúsculas, pues es como las palabras aparecen en los libros.

Asegúrate de que las palabras estén muy marcadas. El trazo debe ser de 1,75 centímetros de ancho, o superior. Esta intensidad es muy importante para ayudar a tu hijo a ver el mundo más fácilmente.

Haz una letra limpia y clara. Utiliza letra de imprenta, no de caligrafía. Asegúrate de escribir la palabra en la tarjeta de forma que quede un margen de aproximadamente 1,75 centímetros alrededor de toda la palabra. Esto dejará espacio para tus dedos cuando sujetes la tarjeta.

A veces las madres se esmeran mucho y usan plantillas para hacer las tarjetas. Con esto quedan muy bonitas; sin embargo, el tiempo que requieren es prohibitivo. Tu tiempo es precioso. Las madres tienen que repartir su tiempo probablemente con más cuidado de lo que haya que hacerlo en cualquier otra profesión. Necesitas desarrollar medios rápidos y eficaces para hacer tus tarjetas, porque vas a necesitar *muchas*. La limpieza y la legibilidad son más importantes que la perfección. Las madres a menudo descubren que los padres saben hacer tarjetas preciosas y agradecen que se les eche una mano en el programa de lectura.

Escribe siempre de la misma manera. Repito, tu hijo necesita que la información visual sea consistente y fiable. Esto le ayuda enormemente.

En la parte de atrás de la tarjeta escribe la palabra otra vez en la esquina superior izquierda. Escríbela al tamaño que mejor te ayude a leerla.

Puedes utilizar un lápiz o un bolígrafo para hacer esto. Lo necesitarás cuando estés enseñando. Si no, tendrás que mirar la parte delantera de la tarjeta primero antes de mostrarle a tu niño la tarjeta; esto distrae y lentifica la presentación de las palabras.

Los materiales comienzan con grandes letras minúsculas de color rojo y progresivamente cambian a un tamaño normal de color negro en letras minúsculas también. Son grandes al principio, porque la vía visual inmadura no puede distinguir la letra pequeña y en realidad va creciendo con el uso. El tamaño puede y debe ser reducido a medida que esta vía visual madura.

Las letras grandes se usan inicialmente por la sencilla razón de que se pueden ver más fácilmente. Son rojas sencillamente porque el rojo atrae al niño pequeño. Puede resultar más sencillo comprar un kit de lectura que ya esté preparado. El kit *Cómo enseñar a leer a su bebé* se puede conseguir escribiendo a:

The Better Baby Press
8801 Stenton Avenue
Philadelphia, PA 19038
U.S.A.

Una vez que empieces a enseñar a leer a tu hijo, te darás cuenta de que tu hijo asimila el material nuevo muy deprisa. Por mucho que repitamos esto a los padres, no dejan de asombrarse de la velocidad a la que aprenden sus hijos.

Nos dimos cuenta hace mucho de que lo mejor es ir por delante. Por este motivo, haz por lo menos doscientas palabras antes de empezar a enseñar a tu hijo. De esta forma tendrás una cantidad adecuada de material nuevo a la mano y preparado para usarse. Si no haces esto, sentirás que siempre vas por detrás. La tentación de seguir mostrando las mismas viejas palabras una y otra vez es grande. Si una madre sucumbe a esta tentación, el desastre está asegurado en su programa de lectura. El error que un niño no va a tolerar es que le muestren el mismo material una y otra vez, cuando ya debería haberse retirado hace tiempo.

Recuerda que el pecado capital es aburrir al niño pequeño.

Sé listo; empieza yendo por delante en la preparación de la material y mantente por delante. Y si por alguna razón te retrasas en la preparación de nuevo material, no llenes el vacío enseñando las mismas viejas palabras otra vez. Interrumpe tu programa durante un día o una semana hasta que hayas reorganizado y hecho material nuevo, y entonces comienza otra vez donde lo dejaste.

La preparación del material puede y debe ser muy divertida. Si estás preparando el material del mes que viene, será divertido. Si estás preparando el material de mañana por la mañana, no será divertido.

Empieza con tiempo, mantén la delantera, interrumpe y reorganiza si lo necesitas, pero no enseñes material viejo una y otra vez.

Resumen: Los fundamentos de una buena enseñanza

1. Empieza tan pronto como puedas.
2. Siéntete contento a todas horas.
3. Respeta a tu hijo/a.
4. Enseña solo cuando tu hijo y tú estéis contentos.
5. Para antes de lo que el niño quiere.
6. Muestra los materiales rápidamente.
7. Introduce a menudo nuevos materiales.
8. Haz tu programa de forma consistente.
9. Prepara tus materiales cuidadosamente y anticípate.
10. Recuerda la Regla que Nunca Falla.

EL PROCESO DE LA LECTURA

El proceso que tendrás que seguir ahora para enseñar a tu niño es increíblemente simple y fácil. Tanto si estás empezando con un bebé o con un niño de cuatro años, el proceso es básicamente el mismo. Los pasos a seguir en ese proceso son los siguientes:

Primer paso	Palabras sueltas
Segundo paso	Parejas de palabras
Tercer paso	Frases
Cuarto paso	Oraciones
Quinto paso	Libros

EL PRIMER PASO (Palabras sueltas)

El primer paso en la enseñanza de la lectura a tu hijo comienza con el uso de solo quince palabras. Cuando tu hijo haya aprendido estas quince palabras, está preparado para continuar con otro vocabulario.

Comienza a una hora del día en que tu hijo esté receptivo, descansado y de buen humor.

Hazlo en una parte de la casa con pocos factores de distracción, cuantos menos mejor, tanto en el sentido auditivo como en el visual; por ejemplo, *no* tener la radio encendida y evitar otras fuentes de ruido. Utilizar una esquina de la habitación que no tenga muchos muebles, cuadros u otros objetos que puedan distraer la visión del niño.

Ahora comienza la diversión. Simplemente levanta la palabra *mamá* sin que pueda alcanzarla, y dile claramente: «Aquí dice *mamá*».

No des a tu niño ninguna otra descripción. No hay necesidad de elaborar. Permítele que la vea durante no más de un segundo.

Ahora levanta la palabra *papá* y de nuevo con gran entusiasmo di: «Aquí dice *papá*».

Muéstrale otras tres palabras exactamente de la misma manera como lo has hecho con las dos primeras. Lo mejor cuando muestres un juego de tarjetas es mostrar la tarjeta desde atrás en vez de enseñar las que están delante. Esto te permite ver la esquina superior izquierda de la parte trasera de cada tarjeta donde tú has escrito la palabra. Esto significa que mientras tú dices la palabra a tu hijo puedes poner toda tu atención en su cara. Esto es lo ideal porque quieres prestar toda tu atención y entusiasmo en él, en vez de mirar a la parte delantera de la tarjeta, mientras él la mira. *No pi-*

das a tu hijo que repita las palabras mientras lo haces. Después de la quinta palabra, da a tu hijo un gran abrazo y un gran beso y muéstrale tu afecto de forma más evidente. Dile lo maravilloso e inteligente que es.

Repite esto tres veces durante el primer día, exactamente de la misma manera. Las sesiones deberían estar por lo menos distanciadas unas de otras en media hora.

El primer día ya se ha terminado y ya has dado el primer paso en enseñar a leer a tu hijo. (De este modo has necesitado como mucho tres minutos.)

El segundo día, repite la sesión básica tres veces. Añade un segundo juego de cinco palabras nuevas. Este nuevo juego se debe ver tres veces a lo largo del día, igual que el primer juego, haciendo un total de seis sesiones.

Al final de cada sesión dile a tu hijo que es muy bueno y muy listo. Dile que estás muy orgulloso de él y que lo quieres muchísimo. Abrazarlo y expresarle tu amor físicamente.

No lo sobornes o premies con galletas, caramelos o cosas parecidas. Al ritmo que él aprenderá en muy poco tiempo, no te podrás permitir comprar suficientes galletas desde un punto de vista financiero, y él no podrá permitírselas desde el punto de vista de la salud. Además, las galletas son un exiguo premio para semejante gran logro, comparado con tu amor y tu respeto.

Los niños aprenden a la velocidad del rayo, si les muestras las palabras más de tres veces al día, los aburrirás. Si le enseñas a un niño una tarjeta suelta durante más de un segundo, lo habrás perdido.

El tercer día añade un tercer juego de cinco palabras nuevas.

Ahora le estás enseñando a tu hijo tres juegos de palabras de lectura, cinco palabras en cada juego, cada juego tres veces al día. Tú y tu hijo estáis disfrutando ahora de un total de nueve sesiones de lectura distribuidas durante el día y que ocupan unos pocos minutos entre todas.

Las primeras quince palabras que enseñas a tu hijo deberían ser palabras familiares y agradables para él. Estas palabras deberían incluir los nombres de familiares inmediatos, parientes, animales de la casa, comidas favoritas, objetos de la casa y actividades preferidas. Es imposible incluir una lista exacta aquí, ya que las primeras quince palabras de cada niño serán personales y, por tanto, diferentes.

El único signo de aviso en todo el proceso de aprendizaje de la lectura es el aburrimiento. *Nunca aburras al niño. Ir demasiado despacio tiene muchas más probabilidades de aburrirlo que ir demasiado deprisa.* Recuerda que este niño inteligente puede aprender, por ejemplo, portugués al mismo tiempo, así que no lo aburras. Reflexiona sobre la cosa espléndida que acabas de conseguir. Tu hijo acaba de conquistar la cosa más difícil que tendrá que hacer en el mundo de la lectura; puede que no sea una exageración decir esto en el mundo del aprendizaje, pues leer es la base del aprendizaje.

Él ha hecho, con tu ayuda, dos cosas verdaderamente extraordinarias:

1. Su camino visual ha crecido y, lo que es más importante, ha enseñado a su cerebro a diferenciar entre un símbolo escrito y otro.
2. Ha aprendido una de las abstracciones más impresionantes con las que se encontrará en su vida: puede leer palabras.

Un comentario sobre el abecedario. ¿Por qué no hemos empezado enseñando a este niño el abecedario? La respuesta de esta pregunta es de gran importancia.

Es un principio básico de toda enseñanza que debería comenzar con lo conocido y lo concreto, y progresar desde esto hacia lo nuevo y lo desconocido y, por último, a lo abstracto. Nada puede ser más abstracto para el cerebro de un niño de dos años que la letra *b*. Es un tributo a la genialidad de los niños que la lleguen a aprender.

Es evidente que si el niño de dos años fuera solamente un poco más capaz de argumentar de forma razonada, hace mucho que le hubiera aclarado esta situación a los adultos.

En tal caso, cuando le presentáramos la letra *b*, él preguntaría: «¿Por qué es esa cosa una *b*?».

¿Cuál sería la respuesta?

«Bien», diríamos, «es una *b* porque... mm..., porque, mira es la *b* porque... bien, porque era necesario inventarse esto... ah... símbolo para... ah... relacionarla con el sonido *b*, el cual... ah... también nos inventamos para... ah...».

Y así habríamos seguido.

Al final, la mayoría de nosotros seguro que diríamos: «Es una *b* porque soy más grande que tú, por eso es una *b*».

Y quizá esa sea una razón tan buena como cualquier otra por lo que la *b* es *b*. Felizmente, no hemos tenido que explicárselo a los niños porque, aunque quizá ellos no pudieran comprender históricamente por qué la *b* es *b*, ellos sí que saben que nosotros somos más grandes que ellos y percibirían esta razón como suficiente.

De todas maneras, se las han arreglado para aprender estas 26 abstracciones visuales y, aún más, 26 abstracciones auditivas que van con ellas.

Esto no suma un total de 52 combinaciones de sonido e imagen, sino casi un número infinito de combinaciones posibles.

Todo esto lo aprenden incluso aunque les enseñamos a los cinco o los seis años, cuando empieza a ser más difícil para ellos aprender.

Afortunadamente, somos lo bastante sabios para no intentar que los estudiantes de Derecho de Medicina o de Ingeniería no empiecen con semejantes abstracciones absurdas, porque, como jóvenes que son, nunca sobrevivirían a ello.

El hecho de que un niño haya aprendido el primer paso, *la diferenciación visual,* es muy importante.

Leer letras es divertido, pero nunca tanto como leer palabras, pues nadie nunca se comió una *b* o cogió una *b* o se vistió con una *b* o abrió una *b*. Uno se puede comer una *banana,* coger una *bola,* golpear con un *bate* o abrir un *bote,* aunque las palabras que componen la palabra *bola* son abstractas, *la bola* en sí misma no lo es y, por tanto, es más fácil aprender la palabra *bola* que aprender la letra *b*. La palabra *bola* también es mucho más diferente a la palabra *nariz* que la letra *b* lo es de la *c*. Estas dos realidades hacen que sea mucho más fácil leer palabras que leer letras.

Las letras del abecedario no son las unidades de lectura y escritura, más de lo que son los sonidos aislados de la lectura y la escritura. Las palabras son las unidades del lenguaje. Las letras son simplemente materiales de construcción técnica dentro de las palabras, como plastilina, la madera y la piedra son los materiales de construcción de un edificio. Las verdaderas unidades de construcción de una casa son los ladrillos, los palos y las piedras.

Mucho después, cuando el niño lea bien, le enseñaremos el abecedario. En ese momento él podrá ver por qué era necesario que el hombre inventase un abecedario y por qué necesitamos las letras.

Comenzamos a enseñar a un niño pequeño a leer palabras usando su nombre, los nombres de su familia y las palabras «propias», porque el niño aprende primero sobre su propia familia y sobre su cuerpo. Su mundo empieza dentro y se abre poco a poco al exterior, algo que los educadores sabían desde hace tiempo.

Hace bastantes años, un inteligente experto en desarrollo infantil, expresó a través de varias cartas mágicas algo que hizo mucho por mejorar la educación. Estas cartas eran V.A.T. —Visual, Auditorio y Táctil—. Se destacó que los niños aprendían por una combinación de ver (V), oír (A) y tocar (T). Y sin embargo, las madres siempre han estado jugando y diciendo cosas como: «Este se encontró un huevecito, este le echó a cocer...», abriendo los dedos para que el niño los pueda ver (Visual), diciendo las palabras para que el niño pueda oírlas (Auditivo), y cerrando los dedos para que el niño pueda sentirlos (Táctil).

En cualquier ocasión, comenzamos con la familia y las palabras «propias.»

mano	pelo	pierna	hombro
rodilla	dedos	ojo	ombligo
pie	oreja	boca	dedo
cabeza	brazo	codo	dientes
nariz	pulgar	labios	lengua

Partes del cuerpo

Este es el método que deberías usar de ahora en adelante al añadir palabras nuevas y retirar palabras viejas: simplemente, retira una palabra de cada juego que ya le hayas enseñado durante cinco días y reemplázala por una nueva en cada juego. Los tres primeros juegos de tu hijo ya se han visto durante una semana, así que ahora puedes empezar a quitar una palabra vieja en cada juego y poner una nueva cada día. Dentro de cinco días, retira una palabra vieja de cada juego de las que acabas de incorporar. Desde ese momento en adelante, deberías añadir una palabra nueva a cada juego diariamente y retirar una vieja. A este proceso de retirar una palabra vieja lo llamamos «jubilación.» Sin embargo, a cada palabra vieja después la vamos a incorporar al servicio activo cuando lleguemos al *segundo, tercero, cuarto* y *quinto paso,* como verás en breve.

Las madres dicen que si escriben la fecha a lápiz en la parte trasera de la tarjeta de lectura pueden saber fácilmente qué tarjetas se han mostrado durante más tiempo y están listas para ser retiradas.

En resumen, estarás enseñando veinticinco palabras diariamente, divididas en cinco juegos de cinco palabras cada uno. Tu niño verá cinco palabras nuevas cada día o una palabra nueva en cada juego, y cinco palabras se retiran cada día.

Evita presentar consecutivamente dos palabras que comiencen por la misma letra. *Pelo, peca* y *papá* empiezan por *p* y, por tanto, no deberían ser enseñadas consecutivamente. Un niño podría llegar a la conclusión de que *pelo* es *peca* porque las dos palabras empiezan por *p* y se parecen mucho. Los niños a quienes se ha enseñado el abecedario completo tienen muchas más probabilidades de cometer este error que los que no se lo saben. Conocer el abecedario le produce al niño una mínima confusión. Al enseñar la palabra *brazo*, por ejemplo, las madres pueden que experimenten el problema de que el niño reconoce a su vieja amiga la *b* y exclamen su nombre, en lugar de leer la palabra *brazo*.

PROGRAMA DIARIO

Contenido diario:	5 juegos
Una sesión:	1 juego (de 5 palabras) mostrado una vez
Frecuencia:	Tres veces diarias cada juego
Intensidad:	Palabras rojas de 7,5 cm
Duración:	5 segundos
Palabras nuevas:	5 al día (1 en cada juego)
Palabras retiradas	5 al día (1 en cada juego)
Ciclo de vida	
De cada palabra:	3 veces diarias durante cinco días = 15 veces
Principio:	Detente siempre antes de que tu niño quiera detenerse.

Uno debe recordar la regla suprema de no aburrir nunca al niño. Si se aburre, seguramente es porque lo estás haciendo demasiado despacio. Él debería aprender rápidamente y pedirte que juguéis un poco más.

Si lo has hecho bien, aprenderá una media de cinco palabras al día. Puede que aprenda diez palabras al día. Si eres lo bastante listo y entusiasta, puede que hasta más.

Cuando tu hijo haya aprendido las palabras «propias», estás listo para continuar hacia el siguiente paso en el proceso de la lectura. Él tiene ahora *dos* de los más importantes pasos en el aprendizaje de la lectura ya conseguidos. Si ha tenido éxito hasta este momento, te será difícil impedirle que lea mucho más.

A estas alturas, tanto el padre como el niño deben estar acercándose al juego de leer con gran ansia y placer. Recuerda, estás construyendo en tu hijo un amor por el aprendizaje que se multiplicará a lo largo de su vida. Para ser más preciso, estás reforzando un ansia innata por aprender que no se le negará, pero que se puede desviar hacia canales negativos o inútiles del niño. Juega con alegría y entusiasmo. Ahora es el momento de añadir nombres de objetos familiares del entorno del niño.

El vocabulario de la casa

El vocabulario «de la casa» consiste en las palabras de objetos familiares de tu casa. La comida, los animales y las cosas que tu hijo hace normalmente.

A estas alturas el niño tendrá un vocabulario lector de veinticinco a treinta palabras. En este momento a veces se tiene la tentación de repasar palabras viejas una y otra vez. Resiste esta tentación. Para tu hijo sería aburrido. A los niños les encanta aprender palabras nuevas, pero no repasar y repasar las viejas. También puede que te asalte la tentación de examinar a tu hijo. De nuevo, no lo hagas. Examinar siempre introduce tensión a la situación por parte del padre, y los niños perciben esto inmediatamente. Puede que asocien tensión y displacer con el hecho de aprender. Hablaremos de examinar más detalladamente en el próximo capítulo.

Asegúrate de mostrar a tu hijo cuánto lo quieres y respetas en cada oportunidad que tengas.

Las sesiones de lectura deberían ser siempre un momento para la risa y el afecto físico. Ellas se convierten en el premio perfecto para ti y para tu hijo después del intenso trabajo que habéis hecho.

silla	mesa	puerta
ventana	pared	cama
bañera	cocina	nevera
televisión	sofá	taza

Objetos

A esta lista debes añadirle o quitarle lo necesario para que refleje el ambiente de la casa y de los objetos que son peculiares de esa familia.

Ahora sigue alimentando el feliz apetito de tu hijo con palabras de sus «posesiones.»

Posesiones son esas cosas que le pertenecen al niño.

camión	manta	calcetines
taza	cuchara	pijama
zapatos	pelota	triciclo
cepillo	almohada	biberón

Comida

zumo	leche	naranja
pan	agua	zanahoria
mantequilla	huevo	manzana
plátano	patata	fresa

Animales

elefante	jirafa	hipopótamo
ballena	gorila	dinosaurio
rinoceronte	araña	perro
tigre	serpiente	zorro

Como en las categorías previas, estas listas deberían alterarse para reflejar sus posesiones particulares y aquellas cosas que más le gustan.

Evidentemente, la lista variará de alguna forma, dependiendo de si tu hijo tiene doce meses o cinco años.

Enséñale las palabras de la misma manera que le has enseñado hasta ahora. Esta lista puede variar de diez a cincuenta palabras, a medida que el padre y el hijo vayan eligiendo.

La lista de lectura (que en este momento puede ser de aproximadamente cincuenta palabras) se compone de nombres en su totalidad. El próximo agrupamiento en el vocabulario de la casa refleja la acción y, en consecuencia, introduce verbos por primera vez.

Acciones

beber	**dormir**	**leer**
comer	**caminar**	**tirar**
correr	**saltar**	**nadar**
reír	**subir**	**arrastrarse**

Para añadir diversión a este juego, a medida que la madre enseñe una palabra nueva, se ilustra con el acto de (por ejemplo) saltar, y decir: «Mamá está saltando». Entonces, pone al niño a saltar y le dice: «Tú estás saltando». La madre ahora le muestra al niño la palabra y dice: «Esta palabra dice *saltar*». De esta manera se hace con todas las palabras «de acción.» El niño disfrutará de esto en particular, ya que toman parte él y su madre (o padre), la acción y el aprendizaje.

Cuando tu hijo haya aprendido las palabras básicas «de la casa», es el momento de avanzar más.

En este momento tu hijo lee más de cincuenta palabras, y tanto tú como él deberíais estar encantados. Me gustaría comentar dos cosas antes de comenzar el paso siguiente, que es el principio del final en el proceso de aprender a leer.

Si el padre ha enseñado a leer al niño como un auténtico placer (así debe ser el caso ideal) en lugar de como un deber o una obligación (lo cual al final no es una razón suficientemente buena), entonces el padre y el hijo deberían estar disfrutando inmensamente en las sesiones de lectura.

John Ciardi, en el artículo que ya mencioné, dijo del niño: «... si lo han querido (lo cual es básicamente como decir, si ha jugado con sus padres y ellos han encontrado verdadero placer en el juego)...». Esta es una soberbia descripción del amor —jugar y aprender con un niño—, y un padre siempre la debería tener en cuenta mientras enseña a leer a su hijo.

Lo siguiente que tiene que recordar un padre es que los niños tienen una gran curiosidad por las palabras, escritas y habladas. Cuando un niño expresa interés por una palabra, por cualquier motivo, es el momento de escribirla para él y añadirla a su vocabulario. Aprenderá muy rápida y fácilmente cualquier palabra que haya pedido.

Por tanto, si un niño preguntara: «Mamá, ¿qué es un rinoceronte?», o «¿Qué significa microscópico?», la respuesta más sabia es la de explicarlo cuidadosamente y después escribir la palabra de forma inmediata, y de esta manera añadirla a su vocabulario lector.

Él sentirá un orgullo especial y obtendrá placer añadido al aprender a leer palabras que él mismo ha generado.

EL SEGUNDO PASO (Parejas)

Una vez que un niño ha adquirido un vocabulario básico de lectura de palabras sueltas, está preparado para juntarlas en parejas (combinaciones de dos palabras).

Este es un importante paso intermedio entre las palabras sueltas y las frases completas. Las parejas tienden un puente entre los bloques de lectura básicos —palabras sueltas— y la siguiente unidad de organización: la frase. Evidentemente, la habilidad para leer un grupo entero de palabras, llamado frase, es nuestro gran próximo objetivo. Sin embargo, este paso intermedio de las parejas ayudará al niño a progresar en pasos fáciles hacia este próximo nivel.

Ahora la madre repasa el vocabulario de su hijo y decide qué parejas puede hacer utilizando las palabras que ya ha enseñado. Descubrirá rápidamente que necesita introducir algunas palabras modificadoras en la dieta de vocabulario de su hijo para poder formar parejas que tengan sentido.

Un sencillo grupo de palabras que es muy útil y fácil de enseñar es el de los colores básicos:

Los colores

rojo	morado	azul
naranja	negro	rosa
amarillo	blanco	gris
verde	marrón	violeta

Estas palabras se pueden hacer con cuadrados del color correspondiente en la parte trasera de cada tarjeta. La madre puede entonces enseñar la palabra de lectura y dar la vuelta a la tarjeta para que se vea el color.

Los niños muy pequeños aprenden los colores sencilla y rápidamente y les encanta señalar los colores en todas partes. Después de los colores básicos que ya hemos enseñado, hay todo un mundo de tonos sutiles por explorar (índigo, dorado, plateado, cobrizo, oliva, castaño, etc.).

Introducidas estas sencillas palabras, la madre puede hacer el primer juego de parejas para su hijo.

leche fría	dedos rosas
ojos azules	uvas moradas
camión rojo	pelo castaño
plátano amarillo	manzana verde
zapatos negros	nevera blanca

Cada una de estas parejas tiene la gran virtud de que el niño conoce las dos palabras como palabras sueltas. La pareja de palabras contiene dos elementos básicos que satisfacen al niño. Un aspecto que le alegra es ver las palabras antiguas que ya se sabe. El segundo elemento es que, aunque ya se saben estas dos palabras, ahora ve que combinadas crean una nueva idea. Esto es emocionante para él. Abre la puerta a la comprensión de la magia de la página impresa.

Divide las parejas en dos juegos de cinco parejas cada uno. Muestra cada juego tres veces al día durante cinco días (o menos). Después de cinco días, retira una pareja de cada juego y añade una nueva pareja a cada juego. Sigue añadiendo una pareja nueva a cada juego y retira una antigua cada día.

A medida que la madre avanza en esta etapa sentirá la necesidad de añadir modificadores adicionales. Como mejor se enseñan es como pares de opuestos.

Opuestos

pequeño	grande	largo	corto
gordo	delgado	derecha	izquierda
limpio	sucio	contento	triste
suave	áspero	vacío	lleno
bonito	feo	oscuro	claro

Otra vez, dependiendo de la edad y de la experiencia del niño, quizá puedas necesitar introducir estas tarjetas con una imagen en la parte trasera de la tarjeta para ilustrar la idea. «Pequeño» y «grande» son ideas muy simples para un niño pequeño. ¿Qué niño pequeño no reconoce inmediatamente cuando a su hermano o hermana mayor le han dado algo «más grande» de lo que él ha recibido? Nosotros los adultos podemos ver esas ideas como abstracciones, y lo son, pero estas ideas están alrededor del niño y las capta con mucha rapidez cuando se le presentan de una manera lógica y directa. Estas ideas están relacionadas muy de cerca con su supervivencia diaria, por lo que están, dicho de alguna manera, cerca de su corazón.

Ahora podemos presentar:

Parejas

taza vacía	taza llena
silla grande	silla pequeña
mamá contenta	mamá triste
pelo largo	pelo corto
camisa limpia	camisa sucia
mano derecha	mano izquierda

EL TERCER PASO (Frases)

Pasar de parejas a frases es sencillo. Cuando lo hacemos, el salto que se da es el de añadir acción a las parejas y crear una frase corta muy básica.

Mamá está saltando
Guillermo está leyendo
Papá está comiendo

Incluso con un vocabulario básico de cincuenta a setenta y cinco palabras, las combinaciones posibles son múltiples. Hay tres formas excelentes de enseñar frases sencillas, y una madre sabia no utilizará una, sino las tres.

1. Utilizando las tarjetas para palabras sueltas que ya has hecho, haz algunas tarjetas con la palabra «está». Siéntate con cinco nombres de personas o animales, cinco tarjetas de «está» y cinco «acciones». Elige una de cada y forma una frase. Léesela a tu hijo. Ahora deja que tu hijo escoja una de cada grupo y haga una frase. Léele esta frase. Después guarda las tarjetas. Puedes jugar a este juego tantas veces como quiera tu hijo. Recuerda cambiar los nombres y los verbos a menudo para que el juego se mantenga fresco.

Mamá	está	comiendo
Papá	está	durmiendo
Sara	está	riéndose
Jaime	está	corriendo
Ana	está	subiendo

La elección de la madre:

| Ana | está | subiendo |

La elección del niño:

| Jaime | está | corriendo |

2. Con tus tarjetas de cartulina de 10 por 60 centímetros, haz un juego de cinco frases. Tendrás que disminuir el tamaño de la letra para que te quepan tres o
cuatro palabras en las tarjetas. Haz entonces las letras de 5 centímetros de alto en vez de 7,25 centímetros. Al escribirlas, no amontones las palabras. Deja
suficiente espacio en blanco entre ellas para que cada
palabra pueda «respirar.» Enséñaselas tres veces al día
durante cinco días (o menos). Después añade dos frases *nuevas* cada día y retira dos viejas también a diario. Tu hijo las aprenderá muy deprisa, así que introduce nuevas frases tan rápido como puedas.

El elefante está comiendo

3. Haz un libro de frases sencillas. Este libro debería tener
cinco frases con una ilustración sencilla para cada
frase. El libro debería tener 20 por 46 centímetros con
letras de 5 centímetros. La página escrita debe ir antes y estar separada de la ilustración. Es inteligente
hacer del primer libro un sencillo diario de tu hijo.

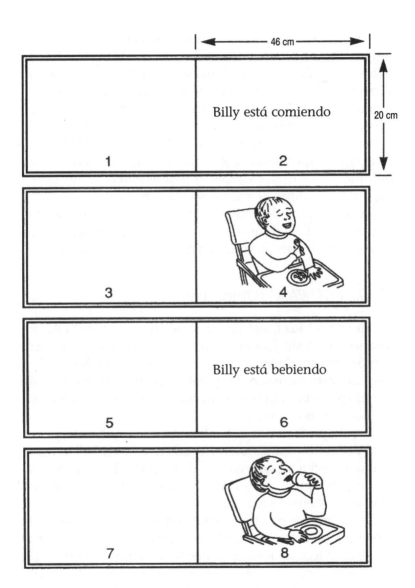

Billy está comiendo

46 cm

20 cm

1

2

3

4

Billy está bebiendo

5

6

7

8

Su nuevo libro se puede ilustrar fácilmente usando fotografías de tu hijo haciendo cada una de esas cosas. Este librito será el primero de una larga serie de libros que registrarán el crecimiento, el desarrollo y la vida de tu hijo en algunos momentos. Estos libros son los más queridos por los niños que tienen la suerte de que su madre se haya tomado la molestia de hacerlos. Cada libro comienza como un modesto librito de diez páginas que la madre lee a su niño dos o tres veces al día durante varios días. Después la madre introduce un nuevo capítulo que utiliza el mismo vocabulario básico.

Estos magníficos diarios caseros de la vida de tu hijo son una manera viva de usar todas las preciosas fotografías que toda madre ha hecho a su hijo a lo largo de los años.

EL CUARTO PASO (Oraciones)

En verdad las frases cortas de las que acabamos de hablar son también oraciones cortas. Pero ahora el niño está preparado para la etapa más importante después de haber sido capaz de diferenciar las palabras sueltas. Ahora está preparado para afrontar oraciones enteras que expresan un pensamiento más completo.

Si solo pudiéramos entender oraciones que hubiésemos visto y conocido antes, nuestra lectura estaría verdaderamente limitada. Todas las ganas que uno tiene de abrir un libro tienen mucho que ver con el hecho de encontrarnos con algo que nunca hemos leído antes.

Reconocer las palabras sueltas y darnos cuenta de que representan un objeto o una idea es un paso básico en el aprendizaje de la lectura. Reconocer que las palabras, cuando están en una oración, pueden representar una idea más complicada es un paso añadido de vital importancia.

Ahora podemos utilizar los mismos procedimientos básicos que con las frases. Sin embargo, ahora vamos más allá de tres palabras. En lugar de elegir entre cinco nombres y cinco verbos para hacer la sencilla frase «Mamá está comiendo» ahora añadimos cinco objetos y presentamos «Mamá se está comiendo un plátano».

Ahora necesitamos un grupo de tarjetas «un», «una», «el», o «la», que no necesitan enseñarse por separado, ya que el niño se las aprenderá en el contexto de la frase donde tienen sentido; fuera de contexto son de poco interés para él.

Mientras utilice las palabras «el» y «la» correctamente en el lenguaje normal y, por tanto, las comprenda, no hay que tratarlas como palabras separadas. Por supuesto que es vital para la lectura que las *reconozca* y las *lea* como palabras separadas, pero no que sea capaz de definirlas. De la misma manera, todos los niños hablan correctamente mucho antes de conocer las reglas de la gramática. Además, ¿cómo le explicarías el significado de «el» y «la» incluso a un niño de diez años? Así que no lo hagas. Solo asegúrate de que sabe leerlas.

Cuando hayas hecho oraciones de cuatro palabras utilizando los tres métodos descritos en el tercer paso (frases), entonces puedes añadir modificadores —adjetivos y adverbios— que dan vida a una oración apropiada.

| Mamá se está comiendo un plátano amarillo | | |

De nuevo, a medida que añades palabras adicionales, necesitarás disminuir el tamaño de la letra un poquito. Ahora disminuye el tamaño de tus letras a 4 centímetros. Deja espacio suficiente para cada palabra o, si lo necesitas, haz tarjetas de más de 46 centímetros.

Si has jugado a hacer oraciones con tu hijo de forma consistente, ya habrás notado que le encanta hacer oraciones ridículas o sin sentido.

El	elefante	está	bebiendo	sopa
Papá	está	abrazando	la	fresa
Guillermo	está	sentado	en	el	ombligo

Esto debería inspirarte a hacer lo mismo. Es un comentario triste que nuestra educación formal fuera tan monótona y estéril que, sin darnos cuenta, evitamos utilizar el humor y el absurdo cuando enseñamos. Nos recordaron tantas veces que «no fuéramos tontos o ridículos» que asumimos que va contra la ley divertirse cuando uno está enseñando o aprendiendo. Esta noción sí que es absurda, pues divertirse *es* aprender y aprender *es* divertirse. *Cuanta más diversión haya, más se aprenderá.*

Una buena sesión de construcción de oraciones hace que el niño y la madre intenten competir a ver quién se inventa las combinaciones más disparatadas y termina con mucho ruido de cosquillas, abrazos y alegría. Ya que cada oración que estás creando o escribiendo en tarjetas o en libros se compone de palabras sueltas que ya le has enseñado cuidadosamente de antemano, es posible que tu hijo conozca muchas oraciones en poco tiempo.

Es inteligente elegir un vocabulario limitado, de quizá cincuenta palabras, y las utilizas en tantas oraciones como tú y tu hijo sepáis crear. De esta forma tu hijo reforzará el conocimiento de estas palabras. Su confianza crecerá de tal manera que será capaz de descodificar cualquier combinación o permutación que se presente en una nueva oración.

En esta etapa aún le estás presentando este material. Tú le estás leyendo las oraciones o los libros. Dependiendo de su edad, habilidad lingüística o personalidad, puede que diga algunas palabras en voz alta espontáneamente o que lea las oraciones enteras también en voz alta. Si hace eso espontáneamente, muy bien. Sin embargo, no deberías pedirle que te leyera en voz alta. Discutiremos sobre este punto largo y tendido en el próximo capítulo.

A medida que vayas de oraciones de cuatro palabras a oraciones de cinco o más, sin duda empezarás a quedarte sin espacio en las tarjetas de 10 por 60 centímetros o en los libros de 20 por 46 centímetros.

Ahora, *por evolución,* vas a hacer tres cosas:

1. Reduce el tamaño de la letra.
2. Disminuye el tamaño de las palabras.
3. Cambia del color rojo al negro.

Comienza reduciendo el tamaño de la letra un poquito. No es tu intención que se reduzca hasta un punto en que tu hijo tenga dificultad para leerlo. Prueba con letras de 2,5 centímetros. Usa esto durante varias semanas. Si no supone un problema, es que estás preparada para aumentar el número de palabras. Ahora continúa con oraciones de seis palabras durante un tiempo. Si todo va bien, reduce la letra a 2,2 centímetros. *La regla importante a observar en el proceso es no reducir nunca el tamaño de la letra e incrementar el número de palabras a la vez.* Primero reduce el tamaño de la letra ligeramente y vive con ello durante un tiempo, y luego incrementa el número de palabras.

Haz estas dos cosas de forma gradual. Recuerda, la oración puede no estar demasiado grande o demasiado clara, pero podría ser demasiado pequeña o demasiado confusa. Seguro que no quieres ir demasiado deprisa en este proceso.

Si reduces el tamaño de la letra demasiado deprisa o incrementas el número de palabras demasiado rápido, notarás que la atención y el interés de tu hijo disminuyen. Podría empezar a mirar a otra parte y simplemente mirarte a ti, porque la tarjeta o la página es visualmente demasiado compleja para él. Si esto ocurriese, simplemente vuelve al tamaño de letra o número de palabras que estabas usando *justo antes* de que esto ocurriera y su entusiasmo retornará. Quédate a este nivel durante más tiempo antes de intentar cambiar las cosas otra vez.

Realmente no necesitas cambiar el tamaño o el color de las palabras sueltas. De hecho, hemos observado que mantener las palabras sueltas en tamaño grande es más sencillo tanto para el niño como para la madre.

Sin embargo, cuando hagas libros con letras de 2,5 centímetros o de seis palabras o más en una página, recomendamos cambiar el color rojo por el negro. A medida que las palabras se hacen más pequeñas, el negro produce un mejor contraste y es más legible.

Ahora el escenario está preparado para el último y más emocionante paso de todos: el libro. Ya hemos puesto nuestro pie sólidamente en la entrada creando muchos libritos de parejas, de frases y de oraciones, pero si estos pasos son el esqueleto, el siguiente es la carne.

El camino se ha despejado, así que vamos a recorrerlo.

EL QUINTO PASO (Los libros)

Ahora tu hijo está preparado para leer un libro de verdad. La verdad es que ya se ha leído muchos libros caseros y ha completado todas las palabras sueltas, las parejas y las frases que encontrará en su primer libro.

La preparación cuidadosa que hemos hecho con anterioridad es la clave para el éxito en su primer libro y para muchos libros más.

Su habilidad para manejar palabras sueltas de gran tamaño, parejas de palabras, frases y oraciones ha quedado establecida. Pero ahora debe ser capaz de manejar una letra más pequeña y mayor número de palabras en cada página.

Cuanto más pequeño es el niño, mayor será el desafío de este paso. Recuerda que a medida que le has enseñado a leer, realmente has provocado que su vía visual crezca exactamente igual que el ejercicio físico hace crecer al bíceps.

En el caso de que redujeras el tamaño de la letra demasiado rápido y, por tanto, su presentación fuese complicada de leer para tu niño, tendrás que fijarte qué tamaño de letra *es* fácil y cómoda para tu hijo al hacer el *tercer* y *cuarto paso* del programa.

Puesto que las palabras que él usa son exactamente las mismas pero se distinguen solo en el hecho de haberse reducido en cada paso, ahora puedes ver con bastante claridad si un niño está aprendiendo más rápido de lo que su vía visual es capaz de madurar.

Por ejemplo, supón que un niño completa el *tercer* y el *cuarto paso* de forma apropiada y con palabras de 5 centímetros, pero tiene dificultad para leer las palabras idénticas en el libro. La respuesta es sencilla. Las palabras son demasiado pequeñas. Sabemos que el niño puede ver palabras de 5 centímetros fácilmente. Lo que el padre hace ahora es preparar más palabras y oraciones sencillas de 5 centímetros de alto. Utiliza palabras sencillas e imaginativas y oraciones que al niño le gustará leer. Después de dos meses de esto, vuelve de nuevo al libro con su letra más pequeña.

Recuerda que si la letra fuera demasiado pequeña, *tú* también tendrías problemas para leerla.

Si el niño tiene tres años, cuando llegues a las letras de 2 centímetros del libro, probablemente no te detendrás aquí. Si el niño tiene menos de dos años cuando llegue al libro, es casi seguro que necesitarás obtener o hacer más libros con letras de 2,5 o de 5 centímetros para el niño. No hay problema, se trata de leer, y de leer de verdad. Ella hará madurar el desarrollo de su cerebro mucho más que de cualquier otra manera.

El padre necesitará ahora conseguir el libro con el que enseñará a leer a su pequeño. Encuentra un libro que contenga vocabulario que ya le has enseñado en palabras sencillas, de parejas de palabras y de frases. La elección del libro que vas a usar es muy importante; tendrá que cumplir los siguientes requisitos:

1. Tener un vocabulario de entre 50 a 100 palabras.
2. No presentar más de una frase en cada página.
3. La letra no será más pequeña de 2 centímetros de alta.
4. El texto precederá y estará separado de las ilustraciones.

Desgraciadamente, en la actualidad, pocos libros en el mercado cumplen todos estos requisitos. Ejemplos de libros creados por The Better Baby Press que cumplen estos requisitos:

1. *Enough, Inigo, Enough*
2. *Inigo McKenzie, The Contrary Man*
3. *You Can't Stay a Baby Forever*
4. *Nose is Not Toes*

Sin embargo, uno o dos libros no serán suficientes para mantener al ansioso y jovencito lector satisfecho y feliz —necesitarás *muchos*—. Por tanto, el medio más sencillo de proporcionar a tu hijo los libros adecuados en esta etapa es comprar libros interesantes y que estén bien escritos y volverlos a hacer con las páginas grandes y las letras claras que el niño pequeño requiere. Puedes entonces recortar las ilustraciones profesionales e incluirlas en el libro que hagas.

A veces será necesario simplificar el texto para que se acople a la lectura de tu hijo. O puede que encuentres libros con ilustraciones preciosas pero con un texto tonto y repetitivo que aburriría a tu hijo. En este caso vuelve a escribir el texto usando un vocabulario más elaborado y con una estructura de frases más madura.

El contenido del libro es vital. Tu hijo querrá leer un libro por la misma razón que los adultos leen libros. Él esperará entretenerse o recibir información nueva —preferiblemente las dos cosas—. Apreciará las historias de aventuras bien escritas, los cuentos de hadas y los misterios. Hay un mundo de maravillosa fantasía que ya está escrito o esperando que lo escriban. También apreciará las historias reales. Libros le enseñen que sobre las vidas de gente famosa o sobre los animales son inmensamente populares entre los niños pequeños.

Quizá la regla a seguir más sencilla sea: ¿te parece que este libro es interesante? Si no, lo más probable es que tu hijo de tres años tampoco esté muy interesado.

Es mejor, muchísimo mejor, pasarse un poquito por arriba y dejarle alcanzar ese nivel que correr el riesgo de aburrirle con pamplinas.

Recuerda las siguientes reglas:

1. Crea o elige libros que interesen a tu hijo.
2. Introduce todo el vocabulario nuevo en forma de palabras sueltas antes de empezar el libro.
3. Haz el texto grande y claro.
4. Asegúrate de que tu hijo tiene que pasar la página para ver la ilustración.

Una vez que hayas completado estos pasos, estás listo para empezar el libro con tu hijo.

Siéntate con él y léele el libro. Él quizá quiera leer alguna de las palabras en vez de que se las leas tú. Si lo hace espontáneamente, vale. Esto dependerá en gran medida de su edad y personalidad. Cuanto más pequeño es el niño, menos querrá leer en voz alta. En este caso, tú lees y él te sigue.

Lee a velocidad normal, con entusiasmo y con mucha expresión en tu voz. No es necesario señalar cada palabra mientras lees, pero quizá él sí quiera hacerlo. Si es así, no pasa nada, siempre y cuando no vayas más despacio.

Lee el libro dos o tres veces diariamente durante varios días. Cada libro tendrá su propia vida. Algunos se irán a la estantería en pocos días; otros, los querrán leer a diario durante semanas.

Tu hijo ahora está empezando a tener su propia biblioteca. Cuando hayas retirado un libro, se va a su estantería. Él puede que lo lea luego tantas veces al día como quiera.

A medida que esta pequeña biblioteca de soberbios libros hechos a medida crezca, se irá convirtiendo en una fuente de gran placer y orgullo para el pequeño. En esta etapa probablemente empezará a llevar con él uno de sus libros dondequiera que vaya.

Mientras que otros niños están aburridos en el coche, haciendo cola en el supermercado, o sentados en un restaurante, tu pequeño tiene sus libros —sus viejos libros, que le emocionan y que lee una y otra vez, y los nuevos que anhela leer cada semana.

En este momento todos los libros son pocos. Él los devora. Cuantos más tiene, más quiere. En un mundo donde el 30 por 100 de los jóvenes de 18 años en nuestro sistema escolar no sabrán leer de forma útil, y muchos de ellos se graduarán siendo incapaces de leer sus propios diplomas escolares o las etiquetas de los productos, el problema de proporcionar a tu hijo pequeño muchos libros es el mejor problema que puedes tener.

Resumen

Hay tres niveles distintivos de comprensión en el proceso de aprendizaje de la lectura. A medida que el niño los conquista se mostrará exultante en su nuevo y emocionante descubrimiento. La alegría que debió sentir Colón cuando descubrió un nuevo mundo seguro que no fue mucho más grande que la que experimenta el niño en cada uno de estos niveles.

Naturalmente, su primera alegría es el placer que encuentra al descubrir que las palabras tienen significado. Para el niño, esto es como un código secreto que comparte con los mayores. Lo disfrutará visiblemente y en toda su extensión.

A continuación se da cuenta de que las palabras que lee se pueden juntar y son, por tanto, meras etiquetas de los objetos. Esto también es una revelación nueva y maravillosa.

Su último descubrimiento será muy evidente para los padres. Este el más grande de todos, que el libro que está leyendo es más que la simple diversión de traducir nombres secretos en objetos, e incluso más que la descodificación de palabras encadenadas a comentarios sobre los objetos y las personas. De repente —qué maravilla—, el gran secreto se hace realidad para el niño. El libro realmente le habla, le habla a él, y solo a él. Cuando el niño se da cuenta de esto (y esto no tiene por qué pasar necesariamente hasta que haya leído muchos libros), no habrá quien lo pare. Ahora será un lector en el más amplio sentido de la palabra. Ahora se da cuenta de que las palabras que ya conoce se pueden reagrupar para crear ideas completamente nuevas. No tiene que aprender un conjunto nuevo de palabras cada vez que tenga que leer algo.

¡Qué descubrimiento! Hay pocas cosas comparables a esta. Ahora puede tener una nueva conversación con un adulto siempre que quiera, simplemente leyéndose un libro nuevo.

Todo el conocimiento del hombre está ahora disponible para él. No solo el conocimiento de la gente que conoce en su casa y en su barrio, sino la que vive muy lejos y a quien nunca verá. Aún más, se puede aproximar a personas que vivieron hace mucho tiempo en otros lugares y en otras épocas.

El poder para controlar nuestro propio destino empezó, como veremos, con nuestra habilidad para escribir y leer. Gracias a que el hombre ha sido capaz de escribir y leer, ha podido legar a otros hombres en siglos posteriores y en lugares remotos el conocimiento que acumuló. El conocimiento del hombre es acumulativo.

El hombre es hombre esencialmente porque puede leer y escribir.

Esto es lo verdaderamente importante que tu hijo descubre cuando aprende a leer. El niño incluso puede intentar a su manera expresar su gran descubrimiento, para que vosotros, sus padres, no os lo perdáis. Si él lo expresa, escuchadlo respetuosamente y con amor. Lo que tiene que decir es importante.

8

La edad perfecta para empezar

Él no puede aprender con menos edad.

WILLIAM RICKER, 1890

AHORA comprendes los pasos básicos en el proceso de la lectura. Estos pasos suceden independientemente de la edad de tu hijo. Sin embargo, la forma como realmente empieces con tu hijo y los pasos que necesiten ser reforzados dependen de la edad a la que comiences el programa de lectura con tu hijo.

El proceso que acabamos de describir es el proceso a seguir y funciona. Miles de padres han utilizado este mismo método para enseñar con éxito a leer a los niños de cualquier edad entre el nacimiento y los seis años. Sin embargo, ha de recordarse que de ninguna manera un recién nacido es igual que un niño de dos años. Un niño de tres meses lógicamente no es igual que un niño de tres años.

Ahora podemos afinar el programa para diseñar programas individuales para cada grupo importante de edad desde el nacimiento hasta los seis años.

Las etapas del proceso no cambian independientemente de la edad. La secuencia de los pasos del proceso se mantiene igual independientemente de la edad.

En este capítulo destacaremos los detalles y matices que mejorarán tu programa de lectura y te capacitarán para que lo consigas más fácilmente sin importar la edad de tu hijo cuando empieces el programa.

Al llegar a este punto puedes tener la tentación de leer y estudiar solo la sección que corresponda a tu hijo en este momento. Sin embargo, es importante comprender todos los puntos sobre los que se ha hablado en cada sección para que, a medida que tu hijo crezca y se desarrolle, tú comprendas cómo cambiar y reformar su programa.

Tu hijo cambiará constantemente, y tu programa debe ser dinámico y cambiante para seguir su ritmo.

El recién nacido

Es importante saber que si intentas empezar nada más nacer, al principio tu programa no es un programa de lectura; es realmente un programa de estimulación visual.

En el contexto de nuestro programa de lectura el recién nacido necesita el paso *antes del primer paso*. Lo llamaremos el *paso cero,* porque antes de que verdaderamente esté preparado para el *primer paso* de su programa de lectura necesita el *paso cero,* que es un programa de estimulación visual.

Al nacer, tu bebé solo puede ver luz y oscuridad. Todavía no puede ver los detalles. A las pocas horas o días de vida empezará a ver formas borrosas durante breves periodos. A medida que su habilidad para ver las formas se estimule por las oportunidades que haya a su alrededor, empezará, en periodos muy breves, a ver detalles borrosamente. Por breves periodos queremos decir unos pocos segundos. En esta etapa ver una forma es un esfuerzo para un recién nacido. Ver un detalle es un esfuerzo monumental. Sin embargo, es un esfuerzo que está deseando hacer porque su necesidad de ver es muy fuerte.

Los recién nacidos empiezan a ver la forma oscura de la cabeza de la madre moviéndose frente a la luz de una ventana soleada. Cuantas más oportunidades tiene el bebé de ver este contraste de una forma negra y estable en un escenario bien iluminado, mejor será su visión.

Una vez que pueda ver la forma, empezará a buscar los detalles de la forma. Los ojos de la madre, la nariz o la boca son los detalles que ve primero.

No es la pretensión de este libro describir con detalle el crecimiento y desarrollo del sistema visual del bebé recién nacido. Sin embargo, mostrar a un bebé palabras desempeña un importante papel en la estimulación y el desarrollo de la habilidad de ver el detalle.

Esta habilidad es un resultado de la estimulación y la oportunidad. No es una cuestión de tener un reloj despertador hereditario y preprogramado, que suena y es la razón por la que ocurre, como se creía antes.

Al recién nacido que se le dé la oportunidad de ver la forma y el detalle desarrollará estas habilidades más rápidamente. Pasará de ser funcionalmente ciego, como se es al nacer, a ser capaz de ver bien sin esfuerzo.

El programa de estimulación visual es extremadamente fácil y, si lo piensas, totalmente lógico. Después de todo, estamos hablando de tu bebé recién nacido. En realidad, ¿no has estado hablando con él durante nueve meses antes de dar a luz?

Nadie cuestionaría el sentido de hablar a un recién nacido. Todo el mundo reconoce que todos los bebés tienen derecho a oír su idioma. Y sin embargo, el lenguaje hablado es una tremenda abstracción. Podríamos decir que no es ni más ni menos abstracto que el lenguaje escrito, pero la verdad es que el lenguaje hablado es realmente bastante más difícil de descodificar para el bebé que el lenguaje escrito. Ser consistente es un principio básico de toda enseñanza y, sin embargo, es muy difícil ser consistente cuando se usa el lenguaje hablado. Somos capaces de decir al recién nacido: «¿Qué tal estás?», y más tarde decirle «¿Qué tal estás?». Y antes de que el día termine, otra vez: «¿Qué tal estás?».

Hemos dicho la misma cosa tres veces. Pero ¿es la misma cosa? Para el sistema auditivo inmaduro del bebé son tres cosas diferentes; cada una tiene una importancia diferente. Él está buscando las similitudes y las diferencias entre estas tres preguntas.

Ahora considera las ventajas del sistema visual. Tomamos la gran tarjeta blanca con la gran letra roja que dice «Mamá». La mostramos y decimos «Mamá». Mostramos esta tarjeta muchas veces a lo largo del día. Para el bebé, cada vez que ve la tarjeta parece idéntica a la tarjeta que ha visto antes. En realidad, le parece igual porque *es* igual. El resultado es que aprende esto mucho mas rápida y fácilmente a través de su sistema visual que de su sistema auditivo.

Deberías empezar con las palabras sueltas. Elige siete palabras que son las que usas más a menudo y por tanto las que más necesita tu bebé —su nombre, las palabras *Mamá* y *Papá* y las partes de su cuerpo son una buena forma de empezar.

Puesto que estás empezando con un recién nacido, tu primer juego de palabras necesita ser *muy* grande. Usa cartulina de 15 centímetros de alto por 60 centímetros de largo. La letra debe tener 12,5 centímetros de altura con trazos de 2 centímetros de grueso o más. Necesitas trazos *muy marcados* para conseguir la intensidad apropiada para un bebé. Recuerda que esto es, ante todo y sobre todo, estimulación visual.

Si empiezas al nacer, o poco después, te interesa empezar con una palabra. Normalmente el nombre de tu hijo es un buen comienzo. Mientras acunas al bebé en tus brazos sujeta la tarjeta a unos 45 centímetros de su vista y pronuncia su nombre. Sujeta la tarjeta y espera. Le verás hacer todo lo que pueda para localizar la tarjeta. Cuando la vea, pronuncia la palabra otra vez en voz alta y clara. Él intentará enfocar durante un segundo o dos. Ya la puedes guardar.

Dado que un bebé no puede ver la forma o el detalle, existe la tentación de hacer un barrido de información visual a través de su campo de visión en un intento por captar su atención.

Recuerda, tiene una tremenda atención pero una visión muy pobre. Si hacemos un barrido de la palabra enfrente de él, él debe intentar enfocar a un objeto en movimiento. Esto es mucho más difícil que localizar un objeto estático. Por consiguiente, deberías sujetar la tarjeta sin que se mueva y darle el tiempo que necesita para localizarla. Al principio tardará 10 ó 15 segundos, o incluso más, pero cada día verás una gran disminución en el tiempo que tarda en localizar la tarjeta y enfocarla brevemente.

Su habilidad para localizar la tarjeta y enfocarla será un producto del número de veces que le enseñemos la palabra. Cada vez será un poquito más fácil que la vez anterior.

Es de extrema importancia proporcionar una iluminación excelente. La luz se debería dirigir hacia la tarjeta, nunca en los ojos del bebé. Esta iluminación necesita ser mucho mejor que lo que se considera luz ambiente adecuada para ti y para mí.

Estarás acelerando y mejorando el increíble proceso de desarrollo de la visión humana desde la rudimentaria habilidad para ver la luz a la más refinada habilidad para reconocer la sonrisa de la madre desde el otro lado de la habitación.

El primer día muestra una palabra. Muestra esta palabra diez veces ese día. Si la puedes mostrar incluso más veces, mejor aún. Muchas madres guardan sus tarjetas de lectura en el lugar donde cambian de pañal al bebé. Cada vez que lo cambia, la madre tiene la oportunidad de mostrarle su palabra. Esto funciona muy bien.

El segundo día elige una segunda palabra y muéstrala diez veces. Cada día durante siete días elige una palabra diferente y muéstrala diez veces durante el día. Al principio de la siguiente semana vuelve a la palabra con la que empezaste y de nuevo muéstrala diez veces. Repite este proceso durante tres semanas. Esto significará, por ejemplo, que cada lunes el bebé verá *Mamá* diez veces.

Llegado este momento, si empezaste al nacer, tu bebé de tres semanas es definitivamente capaz de enfocar sus palabras más deprisa. De hecho, tan pronto como sacas una palabra, puede que inmediatamente dé señales de emoción y ganas gesticulando con su cuerpo y dando pataditas.

Cuando esto sucede, es un momento de lo más emocionante para ti, porque ahora te das cuenta de que tu bebé no solo ve, sino que comprende lo que ve, y lo que aún es más importante: disfruta tremendamente de la experiencia. Cada día este programa de estimulación visual es más fácil para tu bebé a medida que se desarrolla su habilidad para enfocar y ver el detalle.

En las primeras etapas del desarrollo visual observarás que la habilidad visual de tu bebé varía a lo largo del día. Cuando está bien descansado y alimentado, usará sus habilidades visuales constantemente, pero le cansarán muy pronto. Cuando tiene sueño, «apagará» su visión y verá muy poco. Cuando tenga hambre, dirigirá su energía a convencerte para que lo alimentes.

Por tanto, debes elegir el momento correcto para enseñarle una palabra. Rápidamente aprenderás a prever sus mejores horas y a evitar los momentos de hambre y sueño. A veces se sentirá mal durante un día o dos. Esto puede hacer cambiar su humor casi todo el rato. No le enseñes palabras en esos días; espera a que vuelva a ser él mismo.

Entonces vuelve a empezar exactamente donde lo dejaste. No necesitas volver atrás y repasar.

Después de que las primeras siete palabras se hayan repetido durante tres semanas elige siete palabras nuevas y haz el ciclo de la misma manera hasta que tu bebé vea el detalle de forma fácil y consistente. En el niño medio que no recibe estimulación de forma organizada esto no sucederá hasta las doce semanas o más. En tu bebé, que ha tenido un programa de estimulación visual, puede que ocurra entre las 8 y las 10 semanas.

Las madres son extraordinarias para saber cuándo sus bebés pueden verlas con claridad. En este momento un bebé reconoce a la madre fácilmente y responde de forma instantánea a su sonrisa sin necesitar ninguna pista auditiva o táctil. En este momento un bebé utiliza su visión casi todo el rato. Solo durante un momento raro de extrema fatiga o enfermedad desconecta su visión.

Ahora que has completado el paso cero con tu bebé, está preparado para pasar al *primer paso,* porque tú realmente has hecho que su sistema visual crezca. Puede empezar en el proceso de la lectura y seguir el programa allí mencionado (capítulo 7). Puesto que tu bebé ya ha visto palabras sueltas durante uno o dos meses, puedes pasar directamente a los tres grupos de cinco palabras tres veces al día.

En este momento tu programa cambia de marcha, del lento y deliberado programa de estimulación visual a un programa de lectura con un ritmo rápido. Ahora tu bebé absorberá palabras de lectura a un ritmo asombroso de la misma manera que aprende el idioma a través de su oído a un ritmo asombroso.

Empezar con un bebé (de tres a seis meses)

Si empiezas tu programa de lectura con un niño de 3 a 6 meses, será *un experto en el primer paso* del Proceso de Lectura. Este paso será la estrella de tu programa.

Las dos cosas a recordar son:

1. Muestra las palabras muy rápidamente.
2. Añade palabras nuevas a menudo.

Lo maravilloso de un *bebé* es que es un intelectual puro. Aprende cualquier cosa con total imparcialidad, sin ningún prejuicio. Aprende por el placer de aprender, sin estar apegado a nada. Por supuesto, su supervivencia depende de esta característica, pero es una característica admirable, y no lo es menos por el hecho de estar ligada a su supervivencia.

Es el tipo de intelectual que nos gustaría ser a todos, pero que muy pocos conseguimos ser. Le encanta todo lo que pueda aprender. Para él y para nosotros es glorioso, y para nosotros si tenemos la suerte de poder enseñarle.

Entre los tres y los seis meses un bebé es capaz de absorber lenguaje a un ritmo asombroso. También ve el detalle de forma consistente. En resumen, es capaz de absorber el lenguaje hablado sin la más mínima dificultad, mientras que le proporcionemos esa información *alta* y clara. Puede absorber el lenguaje escrito mientras lo hagamos *grande* y claro. Nuestro objetivo es seguir proporcionándole palabras grandes y de trazo grueso para que el bebé siempre pueda verlas fácilmente. En esta etapa un bebé usa sonidos para hablar con nosotros. Sin embargo, pasarán meses antes de que seamos capaces de descodificar todos estos sonidos en palabras, frases, y párrafos. En vocabulario adulto, pues, el bebé no puede hablar.

Tiene soberbios sistemas sensoriales para absorber información, pero todavía no ha desarrollado lo suficiente los sistemas motores como para transmitir información de forma que se le pueda entender rápidamente.

Puesto que este es el caso, alguien no dudará en preguntarte cómo puedes enseñar a leer a un bebé cuando aún no puede hablar. *Leer se hace con el sistema visual, no con la boca.* Leer es el proceso de comprensión del lenguaje escrito. El habla es el proceso de ejecución del lenguaje en su forma oral.

Leer es una habilidad sensorial como lo es oír. Hablar es una habilidad motora como lo es escribir. Hablar y escribir requieren destrezas motoras que el bebé no tiene.

El hecho de que tu bebé sea demasiado joven para hablar y no pueda pronunciar sus palabras de lectura no niega el hecho de que estés incrementando y enriqueciendo su lenguaje al enseñarle a leer.

En realidad, estas inversiones en enseñar a leer al bebé *acelerarán* su habla y ampliarán su vocabulario. Recuerda que el lenguaje es lenguaje, tanto si se transmite al cerebro vía ojo o vía oído.

En los Institutos para el Logro del Potencial Humano utilizamos la lectura como uno de los medios importantes de enseñar a hablar a los niños con lesión cerebral.

Para un niño de cuatro meses es imposible leer en voz alta. Para su beneficio, pues así nadie tendrá la tentación de intentar examinarlo. Él puede leer como tú y como yo —silenciosamente, rápidamente, eficazmente.

A esta edad un bebé es un glotón de la información. Probablemente pedirá más información de la que le puedes dar. Cuando empiezas tu programa de lectura, puede que a menudo te encuentres con que al final de la sesión te pedirá más. Resiste la tentación de repetir sus palabras otra vez o de hacer en ese momento otro grupo de palabras. Él podría ver tan contento cuatro o cinco grupos de palabras y querer más aún.

Realmente puedes mostrar varios juegos seguidos con un niño de tres o cuatro meses y que te saliera bien durante unos meses, pero estate preparado para cambiar en un futuro próximo porque lo necesitarás.

Recuerda que es un genio del lenguaje; prepárate para alimentar su hambre con muchas palabras sueltas.

Empezar con un bebé (de 7 a 12 meses)

Si empiezas con un bebé de 7 a 12 meses, las dos cosas más importantes que debes recordar son:

1. Haz todas las sesiones *muy* breves.
2. Realiza las sesiones con frecuencia.

Como hemos dicho, un niño de cuatro meses a veces querrá ver todos sus juegos de palabras uno detrás del otro, durante una sesión. Sin embargo, ese procedimiento sería un desastre para un niño de entre siete y dieciocho meses.

Utiliza solamente un grupo de cinco palabras por sesión y después guárdalas.

La razón es muy sencilla. Cada día la movilidad de tu bebé es mejor. A los tres meses él es relativamente sedentario. Es un observador. Observará sus palabras mediante largos periodos de tiempo. A los adultos nos encanta esto, así que adoptamos el hábito de enseñarle *todas* sus palabras en una sesión. Nos acostumbramos a esta rutina; para nosotros es fácil. Pero el bebé cambia día a día. Cada vez se mueve más y mejor. Tan pronto como empiece a gatear con sus manos y rodillas, un mundo entero de nuevas posibilidades se abre para él. Ahora tiene carné de conducir y se muere por explorar. De repente, esta criaturilla sedentaria, que veía cincuenta palabras tan contento, ya no es sedentario. No tiene nada de tiempo para leer. Nos desanimamos. ¿Qué hemos hecho mal? Debe ser que ya no le gusta leer. Desinflados, abandonamos.

El bebé debe estar desinflado también. Se lo estaba pasando tan bien leyendo y de repente las palabras han desaparecido. No es que leer le dejara de gustar, es que ahora tiene un horario más ocupado. Ahora tiene una casa entera que explorar. Tiene esos armarios de la cocina que abrir y cerrar, todos esos enchufes que investigar, cada pelusa de la alfombra que recoger y comerse antes de que se ponga el sol. Debes admitir que hay un montón de cosas que descubrir y destruir para un niño de siete meses. Aún le gusta explorar en la lectura, pero no se puede permitir cincuenta palabras de golpe. Cinco palabras cada vez son mucho, pero que mucho mejor.

Si le damos sesiones breves, él seguirá devorando las palabras nuevas a mil kilómetros por hora. Solo cuando nos retrasamos en su siguiente cita urgente tardando más de varios segundos, es cuando se ve forzado a abandonar y dejarnos sentados solos en el medio del suelo del salón.

A los adultos nos encanta encontrar horarios maravillosamente cómodos y ajustarnos a ellos pase lo que pase. Los niños son dinámicos, nunca dejan de cambiar. Justo cuando hemos establecido una rutina, el bebé avanza a un nuevo nivel y nos encontramos con que debemos avanzar con él o nos quedaremos atrás.

Porque esto es así, haz que las sesiones siempre sean breves; así, cuando su movilidad mejore, tendrás el hábito de las sesiones breves, que son una parte natural de su ocupado horario y encajan en su agenda.

Empezar con un bebé (de 12 a 18 meses)

Si empiezas tu programa de lectura con un niño de esta edad, las dos cosas más importantes que debes recordar son:

1. Sesiones muy, muy breves.
2. Termina antes de que él quiera terminar.

Con relación al Proceso de Lectura, pondrás especial hincapié en el *primer* y *segundo paso* (capítulo 7). A medida que avances en el Proceso de Lectura con un niño en esta etapa en particular de su desarrollo, el detalle más importante es que la duración de cada sesión sea *muy, muy* breve.

La razón por lo que esto es tan importante es que ahora el desarrollo de su movilidad se ha vuelto extraordinariamente importante.

A los doce meses, un bebé o está caminando o empezando el proceso de moverse entre las personas o los muebles mientras se sujeta con las manos para prepararse gradualmente a dar sus primeros pasos. Para cuando el mismo niño tenga dieciocho meses no solo caminará con mucha seguridad, sino que habrá empezado a correr. Este es un gran logro en tan solo seis meses. Para lograr estos espectaculares resultados debe dedicar mucho tiempo y energía en realizar hazañas de atrevimiento físico.

En ningún otro momento de su vida el movimiento físico tendrá tanta importancia como ahora. Puedes estar seguro de que si tuvieras que intentar seguir a tu bebé y hacer cada una de las cosas que hace a nivel físico durante el día, sencillamente estarías absolutamente agotado después de una sola hora de su rutina. Ya se ha intentado.

Ningún adulto puede aguantar físicamente lo que un niño de entre doce y dieciocho meses puede hacer en un día determinado.

Estas actividades físicas son de gran importancia para el bebé. Durante este periodo de su crecimiento y su desarrollo tenemos que ser especialmente listos para adaptar su programa de lectura a su intenso programa físico. Hasta este momento de su vida un grupo de cinco palabras por sesión puede que sea perfecto; sin embargo, quizá tengamos que reducirlo a tres palabras o a dos, e incluso a una.

No hay principio de enseñanza que te lleve más lejos que el de que siempre termines antes de que tu hijo quiera terminar.

Termina siempre antes de lo que *él* quiere terminar.

Termina siempre *antes* de lo que él quiere terminar.

Termina siempre antes de lo que él quiere terminar.

Este principio es cierto para enseñar a todos los seres humanos en todas las etapas del desarrollo y a cualquier edad.

Pero es *especialmente* cierto para los niños de entre doce y dieciocho meses.

Necesita un horario de intensidad alta y duración corta. Lo que le va bien es tener muchas sesiones breves. Verdaderamente necesita tomarse esos breves y maravillosos respiros en medio de sus tareas.

Le encantará todo el Proceso de Lectura desde el *primer paso* de las palabras sueltas hasta el *quinto paso de los libros,* pero él *se graduará* en el *primer y segundo paso,* porque es un hombre en movimiento y no se puede estar quieto por mucho tiempo.

Las sesiones muy cortas y dulces son las mejores para él.

Empezar con un niño pequeño (de entre 18 y 30 meses)

Empezar *cualquier* cosa nueva o diferente con un niño de entre 18 y 30 meses es un desafío. Por supuesto que es perfectamente capaz y pasará con suficiencia desde el *primer paso* hasta *el quinto paso* rápidamente *en el momento* que tengamos un programa agradable y consistente *empezado.* Hay tres cosas importantes que recordar cuando enseñes a este niño pequeño:

1. Elige las palabras que le gustan más *a él.*
2. Comienza su programa de lectura *de forma gradual.*
3. Sigue la secuencia de pasar de palabras simples y parejas hasta *las frases* tan rápido como te sea posible.

Poco a poco él desarrolla y asume su propio punto de vista. Empieza a decidir qué cosas le gustan y qué cosas no le gustan. El niño de dieciocho meses ya no es el intelectual puro que era a los tres meses.

Si vas a empezar a introducir lenguaje de forma visual a un niño de dieciocho meses, lo primero que debemos recordar es que ya es un experto en el lenguaje auditivamente. Aunque ha estado hablando durante meses, solo ahora es cuando los adultos que están a su alrededor pueden comprender sus sonidos como palabras. No es sorprendente que cuando se da cuenta de que lo entienden tenga mucho que decir y mucho que pedir.

Es importante recordar que si una idea es *su* idea es una gran idea; si una idea se origina en cualquier otro lugar, puede que no dé su consentimiento.

Nadie ocupa el centro del escenario tan plenamente y con tanta confianza como este niño. Esta es su gloria y su programa necesita ser diseñado teniendo esto en cuenta.

Observa su entorno. Observa qué cosas son las que le vuelven loco. Estas son las cosas que querrá ver en sus palabras de lectura. Él ya se sabe los dedos de sus pies y de sus manos. Querrá que su vocabulario abarque una esfera más amplia de pertenencias: sus comidas, sus acciones e incluso sus emociones. Puedes enseñar adjetivos y adverbios a este enano. Así que lo primero a recordar es *elegir las palabras cuidadosamente.* Averigua las palabras que él quiere. Desecha las que no le gusten.

La segunda cosa a recordar es que no puedes pasar de no tener programa de lectura a tener un intensísimo programa de lectura en un solo día con este pequeñajo.

En lugar de comenzar el primer día con tres juegos de cinco palabras como se explicó en el capítulo 7, comienza solo con un grupo de cinco palabras. Esto despertará su interés sin que lo supere. Necesitas conquistarlo un poco.

Le encantarán sus palabras una vez que decida que es *su idea* y que son *sus palabras,* pero al principio son tus palabras y él no las conoce.

Muéstrale ese grupo de cinco palabras muy rápidamente y guárdalas. Regresa más tarde en cualquier otro buen momento. En pocos días añade otro grupo de cinco palabras y, *por evolución,* a medida que su interés crece, introduce grupos nuevos de cinco palabras en los días posteriores.

Lo ideal es que pase un poco de hambre y que te presione para que le des más. A medida que avance el programa, pregúntale que palabras le gustarían y escríbeselas en las tarjetas.

En el momento que hayas retirado un número suficiente de palabras sueltas y parejas de palabras para hacer algunas frases graciosas, hazlo. Le encantarán las frases, así que no esperes a haber hecho miles de palabras sueltas para empezar con las frases. No es un bebé. Querrá frases más que palabras sueltas, así que empieza con ellas tan pronto como puedas.

Estará encantado de graduarse en el *tercer paso* del Programa de Lectura y en los posteriores siempre y cuando elijamos cada palabra que usamos en el *primer paso* y cada pareja que usamos en el *segundo paso* de acuerdo con sus peticiones y que empecemos ese mismo *primer paso* por evolución, que no revolución.

Un comentario acerca de los niños de dieciocho a treinta meses y de decir las palabras en voz alta. Un niño de dos años, como todo el mundo sabe, hace exactamente lo que más le gusta. Si lo que desea es decir a gritos las palabras cuando las lee, puede que lo haga. Si no quiere pronunciarlas, no lo hará. La cuestión es enseñar a tu hijo a la edad que tenga y reconocer su derecho para demostrar su conocimiento de la forma que *él* elija —o— de ninguna.

Empezar con un niño pequeño (de 30 meses a 48 meses)

Un niño de esta edad y más mayor quiere llegar a la etapa final del Proceso de Lectura *(el quinto paso)* instantáneamente. Sin embargo, necesitará seguir el camino desde el *primer paso* para poder graduarse en su favorito —*el quinto*—. Querrá libros, y cuanto antes mejor, pero requerirá un poco más de tiempo que a un bebé aprender palabras sueltas.

Las tres cosas más importantes a recordar son:

1. Necesitará palabras de lectura elaboradas.
2. No aprenderá palabras sueltas tan deprisa como un bebé.
3. Querrá libros, libros y más libros.

A los 30 meses tu hijo ciertamente ya no es un bebé. Ahora esbun niño o niña pequeña con todas las garantías.

Tu hijo está en esta etapa en la que no insistirá en ser el centro de atención a cada momento como lo hacía hace un año. Sin embargo, su personalidad está instaurada ahora y también aquello que le gusta y que no le gusta.

Él debe ayudarte a diseñar tu programa. Si te das cuenta de esto, el programa de lectura irá muy bien desde el principio. En lugar de utilizar partes del cuerpo, empieza por aquello que más le interese o le entusiasme. Si a tu hijo le encantan los coches, entonces empieza enseñándole palabras de coches. Puede que no parezca, para ti o para mí, la forma más sensata de comenzar, pero lo *es* porque significa que estamos comenzando con la parte del lenguaje que más le interesa. Tiene todo el tiempo del mundo para aprender esas palabras mundanas como *gato* y *sombrero*. Querrá palabras que pueda rumiar. No lo molestes con las partes del cuerpo a menos que lo que quieras enseñarle sea *cráneo, clavícula y húmero*. Estas palabras le intrigarán porque *expandirán* su conocimiento del lenguaje.

Recuerda que no es un bebé. No aprenderá las palabras sueltas ni por aproximación tan rápidamente como un bebé.

Necesitará volver a las palabras antiguas y usarlas una y otra vez en libros para hacer de él un lector confiado.

Tampoco significa esto que te tengas que mover a velocidad de tortuga. Todavía aprenderá a un ritmo impresionante. Es solo que no igualará al ritmo de aprendizaje de un bebé.

Necesitarás llegar a las parejas de palabras, a las frases y a los libros mucho más deprisa con él que con un niño más pequeño. De nuevo, el niño más pequeño asimila los hechos reales más fácilmente y retiene la información antes con menos refuerzo. Las parejas, las frases y los libros son la forma ideal de repasar el vocabulario viejo de una forma nueva que es divertida y muy útil para el niño de treinta a cuarenta y ocho meses.

Incluso después de verla una vez, un niño de esta edad es capaz de creer que sabe una palabra sencillamente porque se da cuenta de que la ha visto antes. Sin embargo, realmente necesitará que se la enseñen un poco más antes de interiorizarla.

Puedes seguir repasando palabras que ha visto antes solo si a la vez mantienes los tiempos de añadir palabras nuevas. Si él sabe que todos los días habrá palabras nuevas, le encantará ver las de ayer e incluso las de anteayer.

De nuevo, la verdadera clave con él es llegar a las parejas, frases y libros rápidamente. Esto marcará una gran diferencia para él. Si simplemente te quedas en las palabras simples todo el rato, lo perderás. Necesita *utilizar* sus palabras nuevas tan pronto como pueda.

Le encanta *el quinto paso,* pero necesita grandes cantidades del *tercer y cuarto paso* para asegurar que el *primer y segundo paso* tengan todo el refuerzo que necesitan.

Empezar con un niño (de 48 meses a 72 meses)

Todo lo que es importante para un niño de 30-48 meses lo es incluso más para un niño de entre 48 y 72 meses de edad. Resumamos esos puntos:

1. No asimilará los hechos aislados (palabras sueltas) tan rápido como un bebé.
2. No retendrá los hechos aislados tan fácil como un bebé.
3. Tendrá *muy* desarrollado lo que le gusta y lo que no.
4. Necesitará que las parejas de palabras, frases y los libros se le presenten rápidamente para reforzar las palabras sueltas que se han retirado.
5. Debería ser el diseñador de su programa de lectura escogiendo el vocabulario que le gusta y que quiere aprender.

En este momento las madres pueden observar a sus hijos de cuatro años un poco melancólicamente y decir: «Bien, muchacho, creo que ya se te ha hecho un poco tarde».

No es así.

Sí, comparado a un niño de seis meses, a un niño de dos años se le hizo un poco tarde, pero ¿y qué? Un niño de cuatro años es un auténtico devorador comparado con un niño de ocho años o incluso de seis; por tanto, dejemos de preocuparnos y pongámonos a trabajar. Hay miles de grandes lectores que empezaron cuando tenían cuatro años.

Tu niño de cuatro años tiene un verdadero banquete esperándole y no hay tiempo que perder. Repito, empieza con lo que le interese a tu hijo. Si le encantan las herramientas, ve a la caja y saca todas las herramientas y averigua su nombre. Comienza haciendo palabras sueltas de cada herramienta de la casa. Hazte con un diccionario y escribe sinónimos. Y entonces puedes coger la palabra *gordo* y hacer un juego de palabras que signifiquen gordo —corpulento, grueso, obeso, robusto o rollizo—. Esto se ajustará muy bien a tu hijo.

Hay más de medio millón de palabras en la lengua inglesa. No tendrás dificultad en encontrar cientos y cientos de palabras que le parecerán fascinantes a tu hijo.

Repito, no pierdas ningún tiempo con *gato y sombrero*. Empieza con palabras elaboradas y continúa con palabras elaboradas. Una vez que tu hijo se meta en el programa de lectura aprenderá palabras por su cuenta todos los días sin dificultad. Será muy fácil regresar al vocabulario de todos los días y enseñarlo una vez que te hayas introducido en el programa. La idea es que debes empezar en *su* territorio para ganarte su aprobación de jugar a la lectura. Esto es justo.

Después de que tengas suficientes palabras sueltas para escribir un libro, escríbelo. No esperes a hacer cientos de palabras sueltas. Después de treinta o cuarenta palabras, empieza a hacer libros inmediatamente usando las palabras que habías retirado.

Tu hijo querrá leer libros, así que hazle libros basados en sus palabras sueltas. Puede que necesites hacer docenas y docenas de libros caseros con letra grande. Esto será una pequeña inversión de tiempo y energía, considerando su alegría al devorar sus primeros libros.

Conocemos muchos niños maravillosos que estaban felizmente leyendo al nivel del cuarto grado cuando tenían seis años, y que no empezaron a aprender a leer hasta que «se les había hecho tarde» a los cuatro años.

En esta etapa hay una tentación, casi agobiante, de pedirle a tu hijo que lea en voz alta.

Leer en voz alta es un ejercicio que hacen los niños de primaria para comprobar que pueden leer.

De hecho, leer en voz alta ralentiza incluso a un buen lector. Siempre que la velocidad de lectura disminuye, también lo hace la comprensión de lo que se lee. Cuando la comprensión disminuye, la alegría también empieza a disminuir. Si pedimos a un adulto normal que lea la primera página del periódico en voz alta, cuando haya terminado volverá a leérsela para averiguar el contenido de los artículos.

Leer en voz alta no es muy divertido ni para ti ni para mí. Es una idea *muy* pobre para los niños de primaria que se están esforzando por aprender a leer a los seis y siete años, cuando es mucho más difícil adquirir esta habilidad de lo que hubiera sido aprenderla de pequeños.

Incluso para el niño más mayor, pedirle que lea en voz alta ralentiza tremendamente su lectura. *Recuerda, cuando la velocidad de lectura disminuye, la comprensión también disminuye drásticamente.* Por tanto, cualquier cosa que comprometa a la lectura pone en peligro la comprensión. Los niños que aprenden a leer temprano son con mucha frecuencia lectores rápidos.

De nuevo, la idea aquí es muy simple: la lectura se hace con el ojo y el aparato visual, no con la boca y el aparato vocal. Si el niño te quiere leer, está bien. Si no quiere, déjalo leer en silencio; leerá más rápido y mejor de esa forma.

Ahora hemos cubierto los elementos básicos de la buena enseñanza, el camino a seguir para enseñar a leer a tu niño y cómo empezar con cada niño.

Examinar

Hemos hablado mucho de enseñar pero absolutamente nada de examinar.

Nuestro mayor consejo sobre este tema es que *no* examines a tu hijo. A los bebés les encanta aprender, pero odian que los examinen. En ese aspecto son como los mayores. Examinar es lo contrario de aprender. Está cargado de estrés.

Enseñar a un niño es hacerle un regalo maravilloso.

Examinarle es pedir un pago por adelantado.

Cuanto más lo examines, más despacio aprenderá y menos querrá aprender.

Cuanto menos lo examines, más rápido aprenderá y más querrá aprender.

El conocimiento es el regalo más valioso que le puedes hacer a un niño. Dáselo tan generosamente como le das la comida.

¿Qué es un examen?

¿Qué es un examen? En esencia es un intento de averiguar lo que el niño *no* sabe. Es ponerlo en un aprieto sujetar la tarjeta y decir «¿Qué dice esto?» o «¿Puedes leer esta página en voz alta para tu padre?». Es esencialmente una falta de respeto al niño, porque él piensa que no creemos que puede leer a no ser que lo demuestre —lo demuestre una y otra vez.

La intención del examen es negativa —es exponer lo que el niño no sabe.

Winston Churchill una vez escribió, al describir su propia experiencia con el colegio: «Estos exámenes eran un juicio para mí. Las asignaturas más queridas para los examinadores eran casi de forma invariable las que menos me gustaban... Me hubiera gustado que me pidieran que dijera lo que sabía. Siempre intentaban preguntar lo que no me sabía. A mí que me hubiera gustado mostrar mi conocimiento, y ellos buscaban exponer mi ignorancia. Este tipo de trato solo tenía un resultado: los exámenes me salían mal...».

Como ya hemos dicho, el resultado de examinar es disminuir el aprendizaje y las *ganas* de aprender.

No examines a tu hijo y no permitas que nadie lo haga.

Oportunidades en la resolución de problemas

Bien, ¿qué ha de hacer una madre? No quiere examinar a su hijo, quiere enseñarle y darle todas las oportunidades para que experimente el gozo de aprender y conseguir logros.

Por tanto, en vez de examinar a su hijo le proporciona oportunidades de resolución de problemas.

El propósito de una oportunidad de resolución de problemas es que el niño sea capaz de demostrar lo que sabe si desea hacerlo.

Es exactamente *lo contrario* del examen. Una oportunidad de solución de problemas muy sencilla sería sujetar dos de sus tarjetas favoritas. Digamos que eliges «manzana» y «plátano» y tú sujetas las dos y le preguntas: «¿Dónde está el plátano?». Esta es una buena oportunidad para un bebé de mirar o tocar la tarjeta si desea hacerlo. Si tu bebé mira a la tarjeta *plátano* o la toca, tú, naturalmente, estás encantado y te emocionas. Si mira a la otra palabra, simplemente dile: «Esto es una *manzana*» y «Esto es un *plátano*». Estás feliz, entusiasmado y relajado. Si él no responde a tu pregunta, acércale un poco la palabra *plátano* y dile de nuevo de una manera entusiasta, alegre y feliz «Esto es *plátano*, ¿verdad?». Final de la oportunidad. *Da igual lo que responda, él gana* y tú también, porque es muy probable si tú estás feliz y relajado, él disfrutará de hacer esto contigo.

Con tu hijo de dos años podrías sujetar las mismas dos tarjetas, pero la pregunta sería diferente: «¿Qué tomaste con tus cereales esta mañana?».

Para la misma oportunidad de resolución de problemas para tu hijo de tres años la pregunta sería: «¿Qué es largo y amarillo y tiene un sabor dulce?».

A tu hijo de cuatro años puede que le preguntaras: «¿Cuál de las dos crece en Brasil?», y con tu hijo de cinco: «¿Cuál de las dos contiene más potasio?».

Las mismas dos sencillas palabras sueltas pero cinco preguntas diferentes dependiendo del conocimiento e intereses del niño.

Una pregunta apropiada crea una irresistible oportunidad de resolución de problemas.

Este en un mundo diferente del insípido y tedioso mundo de «¿Qué es lo que dice?».

Un ejemplo sería jugar al bingo con las tarjetas de lectura. La madre elige un grupo de 15-30 palabras sueltas retiradas de comida o animales u opuestos. Ella entonces hace una tarjeta del juego del bingo para cada miembro de la familia, pero en vez de hacer un cuadradillo con números, hace cuadrados muy grandes con palabras de lectura de color rojo muy grandes. Un bingo de principiante quizá tuviera nueve palabras en una tarjeta de bingo. Cada tarjeta de bingo tiene palabras levemente diferentes para que ninguna carta sea idéntica. La madre entonces le da a cada miembro de la familia nueve fichas y les enseña a poner una ficha en la palabra de su tarjeta si se pronuncia en voz alta.

La madre procede a pronunciar las palabras, asegurándose de que cada niño tenga su justa porción y ayudando a cualquier niño que haya pasado por alto una palabra. El primero que llene de fichas su tarjeta dice «¡Bingo!». Se puede jugar al revés con, por ejemplo, fotografías de animales en las tarjetas y la madre sujetando tarjetas de palabras sueltas con los nombres de los animales. A medida que un niño avanza en el proceso de la lectura del mismo bingo animal se puede jugar utilizando parejas de palabras en vez de palabras sueltas, y después frases u oraciones.

Hay muchísimos juegos maravillosos que nuestras madres se han inventado para procurar deliciosas oportunidades y para que sus hijos utilicen su conocimiento de una forma agradable. Dime uno, y seguro que alguna madre inteligente y su hijo ya lo han hecho y lo han disfrutado desde el principio hasta el final.

Estas sesiones de oportunidad son una forma muy buena para que tu hijo demuestre su éxito en la lectura y para que compartas su gran logro. Si tanto tú como tu hijo disfrutáis a fondo de estas oportunidades, entonces se pueden usar, pero no se debería abusar de ellas. No abuses de ello por muy divertido que sea.

Si quieres sujetar dos palabras y ofrecer una elección a tu hijo, no hagas esto más de una vez a la semana. Haz las sesiones muy breves. No le des más de una oportunidad de resolución de problemas cada vez.

A algunos niños les encanta elegir palabras y se regocijan en ello siempre y cuando no abusemos. A algunos niños no les interesa elegir palabras. Harán todo lo que puedan para desanimarte, no respondiendo en absoluto o eligiendo la palabra contraria sistemáticamente. En cualquier caso, el mensaje está claro: deja de hacerlo.

Si por cualquier motivo tú o tu hijo no disfrutáis con la resolución de problemas, no lo hagas.

Estas oportunidades de realimentación son verdaderamente más para ti que para tu hijo. Tu hijo estará más interesado en aprender palabras nuevas que en volver a las viejas que ya se conocen.

RESUMEN

Una vez que hayas enseñado a leer a tu niño una o dos cosas, ocurrirán sin duda:

1. Verás que todo va fenomenal y que tú cada vez estás más entusiasmada en aprender más sobre cómo enseñar a leer a tu bebé, o
2. puede que tengas muchas preguntas o problemas.

Solución de problemas

Si tienes una pregunta o te has encontrado con un problema que no sabes solucionar, haz lo siguiente:

1. Vuelve a leer el capítulo 7 y el 8 cuidadosamente. La gran mayoría de todas las preguntas técnicas sobre la lectura se han cubierto realmente en esos dos capítulos. Encontrarás lo que no viste la primera vez y podrás corregirlo fácilmente. Si no, vete al número 2.
2. Vuelve a leer este libro cuidadosamente. La mayoría de las cuestiones sobre la lectura quedan cubiertas aquí. Cada vez que leas el libro lo entenderás a un nivel más alto, ya que tu experiencia en enseñar a tu hijo crecerá. Encontrarás la respuesta que necesitas; si no, vete al 3.
3. Los buenos profesores necesitan dormir mucho. Duerme más. Las madres, especialmente las madres de niños muy pequeños, casi nunca duermen un número adecuado de horas. Evalúa honestamente cuánto duermes normalmente. Añade una hora extra por lo menos. Si esto no resuelve el problema, vete al 4.

4. Consigue el vídeo de CÓMO ENSEÑAR A LEER A SU BEBÉ, que está disponible en:

The Better Baby Press   Oficina en Madrid:
8801 Stenton Avenue   c/ Bahía, 25
Philadelphia, PA 19038 USA   20008 Madrid
Tel.: (215) 233-2050   Tel.: 91 542 39 38

Esto te permitirá ver demostraciones de madres enseñando a leer a sus niños pequeños. Muchas madres encuentran que esto es útil. Esto te dará la confianza que necesitas; si no, vete al 5.

5. Escríbenos y cuéntanos lo que estás haciendo y cuál es tu pregunta. Respondemos todas las cartas personalmente y hemos hecho eso durante más de un cuarto de siglo. Puede que tardemos un poco en hacerlo, porque las madres nos escriben de todas partes del mundo, así que asegúrate que *realmente* has explorado los pasos del 1 al 4 primero, pero si todo esto te falla, por favor, escribe.

Más información

Si quieres aprender más sobre cómo enseñar a leer a tu bebé, haz lo siguiente:

1. Asiste al curso «Cómo multiplicar la inteligencia de su bebé.» Es un curso de siete días para madres y padres. Leer es solo uno de los muchos temas de los que se habla. Es un curso maravilloso al que todas las madres o padres deberían asistir mientras sus hijos todavía son

pequeños o cuando los padres están esperando un nuevo bebé. Para más información, llame o escribe a:
The Registrar
The Institutes for the Achievement of Human Potential
8801 Stenton Avenue, Philadelphia, PA 19038 USA
Tel.: (215) 233-2050

Oficina en Madrid:
c/Bahía, 25, 28008 Madrid
Tel.: 91 542 39 38

2. Lee los otros libros de *La serie La Revolución Pacífica*.
3. Consigue los materiales disponibles en la serie *La Revolución Pacífica*.
4. Escríbenos y cuéntanos lo que estás haciendo y los progresos que consigue tu hijo. Tu información es de gran valor para nosotros y para las futuras generaciones de madres.

9

Lo que las madres dicen

¡Oh, qué fuerte es la maternidad!

EURÍPIDES

Cómo enseñar a leer a su bebé se escribió en 1963 y se publicó en 1964.

Ha pasado más de medio siglo desde que el libro vio la luz del día. Empezó como una serie de instrucciones para las madres a quienes mi mujer, Katie, había acordado enseñar —suponiendo que yo escribiese una lista detallada de instrucciones que ella pudiese utilizar como guía.

La noche que empecé a escribir esa lista se ha quedado grabada para siempre en mi retina. La intención original era escribir cuatro o cinco páginas de notas bien ordenadas. En muy poco tiempo se convirtieron en diez páginas y se empezó a formar una idea. ¿Por qué no mimeografiar las notas y dar a las madres una copia después de que Katie se las hubiera enseñado? Una gran idea.

Los minutos se convirtieron en horas y las instrucciones abarcaron veinticinco páginas. Más aún, parecían razonablemente claras y razonablemente legibles. De hecho, parecían lo bastante buenas como para ponerlas de forma permanente. Quizá deberían ser impresas en lugar de mimeografiadas e impresas como guía formal.

Mientras que la emoción crecía a medida que las frases y los párrafos iban encajando y el número de páginas aumentaba, una gran preocupación comenzó a manifestarse. Una adecuada publicación en papel sería cara. Costaría por lo menos cientos de dólares. ¿Dónde conseguiríamos el dinero? Los Institutos eran, y son, una organización no lucrativa, no solo en el sentido de estar exenta de los impuestos estatales y federales, sino también en el sentido económico. La soberbia plantilla de profesionales subsistía con sueldos irrisorios. ¿Aprobaría el Consejo de Administración semejante gasto, incluso aunque encontrásemos el dinero?

La emoción por lo que estaba pasando superó a la preocupación (la esperanza eterna que brota del corazón humano) por las finanzas y el volumen se escribía a toda velocidad.

Bien pasada la medianoche, estaba claro que no iba a ser una hoja, ni siquiera un artículo, y aún quedaba mucho por decir. Obviamente, iba a ser un librito, y además bastante grueso. Dios mío, costaría mil dólares imprimir ese librito. Ni por casualidad, el Consejo de Administración autorizaría eso. Incluso *yo* tendría que votar en contra de publicar el librito.

¡Oh! ¡Un *librito*! ¿Conocíamos a alguien en una empresa de alimentación infantil o de artículos infantiles que pudiera promocionar este librito? ¿Podría realmente pagar todo el asunto? Qué gran idea.

La posibilidad de poder encontrar fondos que financiaran el librito se añadió a la emoción imparable de la escritura misma y de cómo simplificaría el trabajo de las madres que enseñaran a leer a sus bebés. Era lo bastante estimulante para que durase hasta altas horas de la madrugada. A medida que pasaban las horas y crecían las páginas, la realidad empezó a ganar terreno a la alegría. Ya era demasiado largo para ser un librito, iba a tener por lo menos cincuenta páginas, quizá cien —o puede que más—. La esperanza de encontrar fondos para su publicación se diluyó. Era una verdadera pena, porque era importante y merecía la pena leerlo.

El problema era que ahora se había convertido, no en un manual de instrucciones, un papel o un artículo, ni siquiera en un librito como había previsto, el verdadero problema es que se había convertido en un libro.

Un libro. ¿Un libro? ¡Madre mía, iba a ser **un libro, un libro,** un libro! No se pagaba para publicar libros, un editor te pagaba *a ti.*

Era temprano por la mañana, pero Katie me estaba esperando levantada.

«¡HAZEL KATIE, NO TE LO VAS A CREER, PERO ESTOY ESCRIBIENDO UN LIBRO, UN LIBRO, FÍJATE! NO ES OTRO ARTÍCULO PARA PROFESIONALES, SINO UN LIBRO **DE VERDAD** PARA GENTE DE VERDAD, PARA LAS MADRES Y LOS PADRES. ¿QUÉ TE PARECE? ¡ME APUESTO LO QUE QUIERAS A QUE SE VENDEN CINCO MIL!»

«¿Va a ser un libro para que las madres aprendan a enseñar a leer a sus bebés?», preguntó Katie.

Lo era.

Desde aquella mañana, hace más de cincuenta años, *Cómo enseñar a leer a su bebé* se ha publicado en más de veinte idiomas y se sigue traduciendo a otros idiomas.

Desde aquella época ha habido cientos de ediciones y reediciones. Desde aquella época más de dos millones de padres han comprado el libro «de la lectura».

Cuando se publicó el libro original, había varios cientos de padres, la mayoría tenía niños con lesión cerebral, que habían enseñado a leer a sus pequeñines. Hoy hay cientos de miles de niños sanos y lesionados, o que estaban lesionados, que pueden leer.

¿Cómo sabemos eso?

Mi más preciada posesión material en el mundo es una colección de más de cien mil cartas de madres (y padres) que han escrito diciéndonos cuánto han disfrutado enseñando a leer a sus bebés; preguntando cómo podían conseguir más libros y materiales para enseñar a los bebés; haciendo preguntas sobre los bebés y contándome lo que les sucedió a sus hijos cuando fueron al colegio y cuando crecieron.

Estas cartas constituyen el mayor registro de evidencia existente que *demuestre* que los niños pequeños *quieren* leer, *pueden* aprender a leer, *están* aprendiendo a leer y *deberían* aprender a leer.

Estas cartas, que siguen llegando diariamente, son tan sensatas, entrañables, encantadoras y persuasivas que se han convertido en lo más preciado para mí.

Cuando, de tanto en tanto, la inhumanidad del Hombre parece alcanzar una nueva cota de locura y me pregunto si *nos-otros* vamos a sobrevivir *a nosotros mismos,* me meto en mi despacho, echo la llave y saco mis cartas de las madres y las leo. En muy poco tiempo estoy sonriendo, mis dudas sobre el Hombre y el futuro se despejan, y una vez más hoy vuelve a ser un gran día.

Me parecía que las madres (y los padres) que leyeran este libro disfrutarían con una minúscula muestra de lo que les sucedió a otras madres (y padres) que leyeron el libro antes.

Estas citas son aleatorias en el sentido de que cada una representa a miles de otras cartas increíblemente parecidas a la que se cita.

Estas citas están tomadas de cien mil cartas. No están seleccionadas como la más literaria o la menos literaria, la más o menos encantadora, la más o la menos entusiasta, la más o la menos científica, la más o la menos persuasiva, la más o la menos conmovedora. Evidentemente, representan a padres que son esencialmente personas de clase media en el sentido intelectual, educativo y económico. Representan al estadounidense medio, desde obreros, en un extremo de la clase media, a abogados, ingenieros, médicos, educadores y científicos, en el otro.

Algo que *todos* tienen en común es el generoso amor por sus hijos y haberles dado la máxima prioridad en sus vidas.

Estos niños están verdaderamente *dotados*. Están *dotados* con padres que tienen la cabeza y el corazón en su sitio. Quizá sea el único dote verdadero.

Me dan la mayor de las esperanzas.

Aquí está, pues, una pequeñísima muestra de más de cien mil cartas:

LOS PADRES HABLAN DE LOS RESULTADOS

... hasta el día de hoy le encanta leer en cada minuto libre que tiene. Realmente le apasiona leer. El colegio es fácil para él. ¡Y eso le alegra!

Baton Rouge, Lousiana.

Muchas gracias por su libro *Cómo enseñar a leer a su bebé*. Mi hija mayor de 25 meses está aprendiendo a leer con muchas ganas y tan contenta...

Además, no quiero parar la lectura, pues ahora me doy cuenta del maravilloso pequeño ser humano que está a mi cuidado...

Que Dios bendiga a los que como usted ayudan a personas como yo a ser una madre, una profesora, una amiga y una compañera mejor para mi pequeño...

P. D. Sabía que estaba haciendo bien el juego de palabras cuando mi marido salió de otra parte del piso para investigar de dónde procedía todo el alboroto y los aplausos, y cuando mi pequeño gritó: «¡Más palabras!» al guardar el juego de palabras. ¡Esto es aprender con verdadera alegría y felicidad!

Abilene, Texas.

¡Mi hijo sabe leer! No puedo expresarle mi asombro y mi sorpresa.

Se acordaba del primer juego de tarjetas, que no había visto durante por lo menos dos meses...

No podré estarle lo suficientemente agradecida por este regalo de aprender a enseñar, y continuaré practicándolo.

P.D. Zachary tiene trece meses.

New Ringgold, Pensilvania.

Mi hija pequeña (de dos años y medio) está aprendiendo a leer (encantada, podría añadir) con el método que explica en su libro. No hace falta decir que mi marido y yo estamos felices y emocionados con su trabajo. Creo que este es en la actualidad el desarrollo más importante en «educación» infantil, que yo sepa, y como padre tiene todo mi respeto por ello. Podría contarle muchas más cosas, pero estoy seguro que ya se lo han dicho antes...

Mesa, Arizona.

Acabo de terminar su libro, *Cómo enseñar a leer a su bebé*, y de empezar a enseñar a leer a mi hija de 17 meses. Estoy emocionadísima con la idea. Lo veo como el mejor regalo de cumpleaños que jamás podría hacerle...

Lowell, Massachusetts.

Somos padres de dos niños con edades de seis años y 19 meses. Mi hijo menor ha aprendido con su sistema. Funciona (y funciona bien) y que Dios lo bendiga por ello...

Supongo que se lo habrán dicho muchas veces, pero todo aquel que pruebe su sistema no puede halagarlo lo suficiente. Usted es un hombre muy respetado en mi círculo de amistades.

Maharashtra, India.

Tengo un niño de cuatro años que tenía tanta hambre por esto, que aprendió diez palabras el primer día y no quería parar para dormir —y estaba despierto a las seis de la mañana, listo para continuar...

¡Este es mi más feliz descubrimiento como madre! Solo que me hubiera gustado haberlo tenido con mis otros tres hijos mayores (en grado cuarto, tercero, y primero).

St. Johns, Arizona.

Hemos comprado varios libros suyos, sus materiales de matemáticas y lectura, y hemos utilizado sus programas esporádicamente con nuestra primera hija (Emily), que ahora tiene cuatro años.

Ella sigue deleitándonos con su habilidad y alegría de aprender...

A pesar de no practicar durante periodos prolongados, creemos que ha dado un impulso maravilloso a la pequeña, y logramos establecer un vínculo muy estrecho y respetuoso...

Greene, Nueva York.

Muchas gracias por su innovador libro *Cómo enseñar a leer a su bebé* —nos animó a probarlo con mi sobrino. Ahora tiene dos años y tres meses y sabe leer más de 50 palabras en inglés, algunas bastante difíciles. Esto, algunos meses después que sus padres probaran el método con él.

Esto es muy significativo, creemos, considerando que este niño nació, y vive, en Filipinas, donde el inglés no es el idioma materno...

West Covina, California.

... Nuestra Elizabeth tiene 21 meses y su hambre de conocimiento nos asombra cada día más. Mi madre lo vio en un programa de televisión hace poco. Las dos tenemos sus libros y acabamos de empezar el libro de la lectura. Elizabeth ahora sabe leer «Mamá» y «Papá». ¡Se lo agradecemos!

Nació con un problema de corazón y ha sobrevivido a una importante operación a corazón abierto. No es tan activa como los otros niños y se lo pasa tan bien como yo con este nuevo juego de la lectura. No hay tantos juegos que mantengan el interés del niño...

Santa María, California.

Le escribí hace aproximadamente un año para contarle que mi hija, que entonces tenía dos años, sabía leer unas 60 palabras. Ha pasado un año, y es todo un placer decirle que ahora lee libros como una profesional. ¡Sabe leer prácticamente cualquier libro, y comprende lo que lee! Le doy las gracias por su libro *Cómo enseñar a leer a su bebé*. Me gustaría que más madres se diesen cuenta de cómo disfrutan los niños con la experiencia de aprender. Mi hija, Josie, creo que lee mucho mejor que los niños cuatro años más mayores (¡o incluso más mayores!).

... Estoy muy agradecida de poder ayudar a que mi hija aprenda. Ella disfruta plenamente de ello, y me pide que, por favor, «juguemos al colegio». Realmente, ¡a los niños les encanta aprender!

Covington, Louisiana.

Usted ha hecho «lo imposible». Si hace seis meses alguien me hubiera dicho que mi hijo de dos años leería a los tres, habría dicho: «Imposible».

Nueva Orleans, Louisiana.

Leí por primera vez *Cómo enseñar a leer a su bebé* cuando nuestro hijo tenía *14 meses.* Empezamos despacio, juntando todos los materiales, etc. Pero, *a los 18 meses,* mi hijo empezó a hablar claramente y *¡por fin comencé a darme cuenta que mi hijo lo retenía todo!* Nunca le gustó que lo examinaran. Y, cuando no hablaba, no lo notaba tanto, pero ahora, ¡IMPRESIONANTE! Estamos muy emocionados. Gracias por abrir nuestras mentes.

Falls Church, Virginia.

Escribo para decirle que mi experiencia personal ha sido maravillosa. Comencé el programa en febrero con mi hija de 26 meses por entonces. A finales de marzo leía «Adiós, mamá». Ahora, a los 34 meses y medio, lee cualquier cosa que tenga a la vista. Puede pronunciar las palabras tan bien como casi todos los niños del grado quinto que tuve como alumnos en mis diez años de profesora.

Omaha, Nebraska.

Compré su libro *Cómo enseñar a leer a su bebé* cuando mi hija mayor, Lara, tenía siete meses y vivíamos en Vancouver, B.C., Canadá. Ella gateaba hacia las tarjetas de lectura antes de que supiera hablar y ahora con cuatro años lee muy bien.

British Columbia.

Yo empleé su método con mi nieta cuando tenía dos años y sabía leer el *Reader's Digest* con tres años. Actualmente es una estudiante de «Sobresaliente» en Los Ángeles y tiene 16 años. Recomiendo su libro a todas las madres jóvenes. Gracias...

Escondido, California.

He leído su libro titulado *Cómo enseñar a leer a su bebé* y estoy profundamente satisfecho con los resultados que he tenido con mi hija de 35 meses. Empecé a enseñarle hace solo cuatro días ¡y se hace con las palabras a un ritmo fenomenal! ¡Claro que puedo tener prejuicios porque sea mi hija, pero este programa es realmente emocionante!

Orem, Utah.

Utilicé este método para enseñar a leer a mi hija. Es una lectora excelente y así lo ha sido en todos sus años en la escuela. Ahora ha tenido un bebé...

Bishop, California.

Cuando mi hija tenía aproximadamente un año, vi un programa de Los Institutos que mostraba a niños «deficientes» que sabían leer y a bebés que sabían reconocer números específicos de puntos. Intenté usar con mi bebé las técnicas mostradas. Aprendió a leer palabras con dos años, frases con tres, y libros enteros con cuatro.

East Stroudsburg, Pensilvania.

... Lo que aprendí tenía mucho sentido y comencé este programa con mis hijos gemelos, cuando tenían dos años. Ahora tienen 13 años y siempre han destacado en el colegio. De hecho, en los colegios les ponían en una clase para niños «superdotados». Leían con fluidez y comprensión a los tres años y escribían a los cuatro. Esta experiencia ha sido una de la más satisfactorias en la educación de mis hijos.

Maple Ridge, British Columbia.

Enseñamos con éxito a leer a nuestro primer hijo a una temprana edad, usando las técnicas de *Cómo enseñar a leer a su bebé*. El pasado mes de mayo, en el primer grado, fue el primero de la clase, con un nivel de lectura y comprensión de grado cuarto.

Debo decirle que recibí un ejemplar de su libro como una broma, pues leo bastante.

En mi familia se rieron de verdad cuando usé los métodos con mi hijo de 19 meses. Pero la risa cesó cuando leía libros a los dos años y medio.

¡Nuestro único problema surgió al viajar, pues nuestro hijo sabía leer todos los carteles de los lugares de comida rápida y quería que parásemos en todos!

Piketon, Ontario.

Hace aproximadamente 20 años pedí su kit de lectura a través de *Ladies Home Journal* y empecé a enseñar a mi hija de 18 meses con él. Ahora tiene 22 años y es una reconocida taquígrafa, trabajo en el que las palabras tienen gran importancia...

Escondido, California.

Hace ocho años cayó en mis manos su libro *Cómo enseñar a leer a su bebé* y decidí probar sus métodos con mi hija que entonces tenía tres años. Fue un éxito total a pesar de la inseguridad con que lo hice, y ella no ha parado de leer desde entonces.

Cuando nació mi segunda hija, decidí hacerlo desde el principio hasta el final, pero aunque mis intenciones eran buenas, tenía poco tiempo, y tuvo una versión aún más breve que la primera. Una vez más funciono, y, como su hermana, leyó más temprano y mejor que quienes la rodeaban.

Cuando llegó mi hijo, estaba absolutamente convencida, y ahora tiene cuatro años y asombra a todo el mundo con su habilidad. Ha sido una experiencia extremadamente satisfactoria para mí con cada uno, y por nada del mundo me habría perdido el momento en el que hizo «clic» a cada uno de mis hijos. Gracias.

Petaluma, California.

CARTAS COMPLETAS DE LOS PADRES

Por favor, perdóneme si siento de alguna forma que lo conozco personalmente. Por favor, permítame ahora decirle «hola» después de pensar muchos años en usted y en su trabajo en Los Institutos para el Logro del Potencial Humano. La verdad es que tengo la sensación de que escriba lo que escriba no podré expresar la gratitud que le debo por las palabras en ese libro *(Cómo enseñar a leer a su bebé)* y los descubrimientos que usted y su equipo han realizado y descrito tan acertadamente.

Su libro cayó en mis manos por primera vez en 1972 poco después de que naciera mi hijo. Estaba en la librería

W. H. Smith's en South Hampton en la costa sur de Inglaterra. En 1973 nos mudamos a la isla Mauricio en el océano Índico. Allí, en las claras y arenosas playas, y bajo la sombra de la buganvilla, le enseñamos a leer siguiendo sus métodos. Cuando tenía tres años podía leer con bastante alegría *Ir a la Luna,* de P. D. Eastman. Mis suegros se quejaron amargamente cuando aquel año, al regresar a Inglaterra, pasábamos demasiado tiempo leyendo antes de acostarse y decían que era demasiado pequeño. Con siete años tenía una edad de lectura de 11, y con 13 ganó una beca completa para estudiar en Harrow, para gran sorpresa y placer de muchos de los miembros de una gran familia. Cumple 17 años en julio.

También usamos sus métodos con mis dos hijas, cuyo placer por la lectura y amor por los libros es digno de contemplarse.

Debo decir también que en febrero de este año mi mujer, Jennifer, empezó a enseñar al hijo de un amigo con posible lesión cerebral utilizando sus métodos después de que el inspector del colegio dijera que el niño debería pasar los próximos seis meses «aprendiendo» la letra C. Cualquiera puede ver la inteligencia que brilla en los ojos azules de la pequeña Anna Ross. Tiene cinco años.

La secretaria de la oficina donde trabajo tiene un hijo de 15 meses y ahora se lo pasa fenomenal enseñándole a leer.

Jennifer y yo creemos que sus métodos podrían ayudar a Anna Ross a mejorar enormemente su organización neurológica y permitirle desarrollarse al mismo ritmo que su hermano mayor y su hermana pequeña, o quizá, uno se atreve a pensar, a superarlos.

Gracias, señor, enormemente, por el gran trabajo e importancia de sus descubrimientos, y por los beneficios que han proporcionado a mi familia.

Si su instituto guarda registros para uso estadístico y requiere cual quiera de los nuestros, por favor, hágamelo saber.

Taunton, Inglaterra.

Quería darle las gracias de corazón por abrir a mis niños un emocionante mundo.

Cuando mi hijo, Aaron, tenía tres años, leí su libro *Cómo enseñar a leer a su bebé.* Comencé a realizar su programa con escepticismo. Seis meses después, Aaron leía una gran cantidad de palabras. Pero lo que aún me sorprendió más es que su hermana, de año y medio, había aprendido con él. Ella aprendía las palabras un día y una a una las leía todas. Hoy, cinco años más tarde, ¡a mis hijos les va fenomenal! Les encanta el colegio, les encanta aprender. Trisha, con casi siete años, ha escrito dos libros propios así como muchas historias sueltas. Muchas gracias por su investigación y su libro.

Ahora estoy esperando el tercero. Me encantaría hacerlo aún mejor con este niño. Me gustaría asistir a su Instituto, pero no nos es económicamente posible. Lo que me agradaría es un poco de información y un curso por correspondencia junto con una lista de libros y otros materiales que ofrezca. Y también cualquier información que pudiera ofrecer sobre la enseñanza de idiomas y de música.

He dado a mucha gente toda la información que tengo, así como a misioneros que tienen que enseñar a sus propios niños en la misión. Gracias.

Newberg, Oregon.

Acabo de leer su nuevo libro *Cómo multiplicar la inteligencia de su bebé*. No puedo expresar la alegría que siento porque haya escrito ese libro. Se merece claramente el Premio Nobel.

Hace más de veinte años que compré un ejemplar de *Cómo enseñar a leer a su bebé* y enseñé puntualmente a leer a mis tres hijos mucho antes del colegio. Los resultados fueron (y son) impresionantes. Apoyaba la idea (y aún lo hago) con los amigos que tienen niños pequeños. Hago demostraciones para ellos con mis hijos, e incluso regalé algunos ejemplares de su libro. Sin embargo, que yo sepa, nadie ha enseñado a leer a su bebé. Me puedo imaginar parte de la frustración que usted siente. Como Winston Churchill dijo una vez: «Los hombres a veces se estrellan con la verdad, pero la mayoría se recomponen y retiran apresuradamente como si nada hubiera pasado».

Me gustaría hablar con usted en algún momento. Soy informático, especialista en inteligencia artificial. Quizá tengamos algo que aprender uno del otro. Llámeme si pasa por Washington alguna vez.

Me pregunto si sería interesante para mi hija Katherine asistir a Los Institutos alguna vez. Ahora es alumna de Bryn Mawr. Fue finalista a conseguir una beca por méritos y ganó un concurso de poesía con 12 años. Quizá ella podría contar en alguna de sus clases en qué consiste crecer estando muy dotada. (Ella está a favor de esto.)

Ahora estoy enseñando a Bethany, mi hija pequeña, que tiene un año. Estoy segura que lo haré mejor gracias a su nuevo libro.

Fort Washington, Maryland.

Tuve un primer contacto con sus materiales en 1963, cuando mi hermano menor nació. Mi madre leyó su libro (recién publicado) y se apostó con mi padre que podía enseñar a leer a su bebé. Ken leía muchas palabras de verlas en televisión muy pronto. Todas nosotras (tres hermanas) ayudamos a jugar a las palabras. Mamá escribía las palabras en la pizarra de la cocina y cortaba las cartulinas que venían en las camisas de la lavandería y escribía en ellas las palabras. Su libro infantil registra que sabía leer 55 palabras cuando cumplió dos años, y que lo sabía leer casi todo con tres. Como niño, disfrutaba escribiendo y escribió a mano muchos libritos, con ilustraciones y todo.

Cuando Ken empezó a ir al colegio, yo estaba en el instituto y empecé a enseñarle algo de álgebra y de geometría. Él competía en equipos de matemáticas en el instituto y sigue siendo excelente en matemáticas. Podría escribir un libro con los logros de mi hermano cuando era niño. Estoy convencida que fue el resultado de la educación temprana. Ken ha ganado muchos premios y matrículas, fue el segundo de la clase en el instituto, y en la actualidad tiene una beca para estudiar en la universidad donde está estudiando ingeniería. Era (y es) una persona bien adaptada socialmente.

Ahora tengo una niñita. Madeleine tiene dos años, y estoy utilizando los materiales de lectura y matemáticas con ella. También leí *El jardín de infancia es demasiado tarde* y me animé a que Madeleine estuviera expuesta a todo tipo de cosas: música clásica, dibujo y pintura, gimnasia, geografía, cine, la Biblia, natación, y otras muchas experiencias de aprendizaje.

Tiene una gran colección de puzzles y le encanta sentarse horas y horas a trabajar en ellos. Se está aprendiendo los estados de U.S.A. con sus puzzles de mapas, los países del mundo con sus tarjetas, los presidentes norteamericanos con sus tarjetas, etc. Es una niña alegre con una excelente habilidad verbal, una mente rápida, ¡y bastante sentido del humor! Le comentaré privadamente que he observado que está muchísimo más avanzada que los otros niños de su edad, y la gente lo comenta todo el rato.

Dallas, Texas.

Acabo de leer en la edición de diciembre del *Reader's Digest* cómo ayudó a Joan Collins y a su marido a recuperar a su hija casi al mismo nivel después de un accidente de coche. Me surgió escribir para darle las gracias por decirme cómo enseñar a leer a mi bebé, que hoy tiene cuatro años.

Mi padre, hace tres años, me compró el libro de Glenn Doman *Cómo enseñar a leer a su bebé* y mi vida no ha sido la misma desde entonces. Él, mi hijo, ama la lectura —nuestras compras de los viernes nos llevan a la biblioteca donde se pasa las horas muertas leyendo mientras yo recorro los supermercados sintiéndome mal por las madres que llevan a sus hijos en medio de protestas. Los libros de esta semana incluían palabras como «enfurecedor, irreemplazable y parafernalia,» que, por cierto, le dieron poca guerra...

Benfleet, Essex, Inglaterra.

Nuestra asociación con usted y con el Instituto Evan Thomas nos ha proporcionado a mi mujer y a mí muchas oportunidades para trabajar con nuestro hijo y nuestra pequeña, Alexis, en la época más preciosa de su vida (Alexis tiene cuatro meses y todos los días ve Tarjetas de Inteligencia y palabras). Está absolutamente encantada con esto. Alexandre no solo ve sus propias tarjetas, sino que insiste en que se las mostremos también a Alexis como un «flash». Es un niño sano y alegre que se levanta feliz todos los días y se va a dormir más feliz todavía, más inteligente y más seguro. No solo es brillante, sino un encanto de niño. Nunca ha sido un «terrible niño de dos años» y tiene ahora dos años y diez meses.

La Universidad de Columbia ha considerado la posibilidad de que Alexandre se matricule en su programa de niños superdotados. Puesto que solo admiten a 14 niños entre miles de solicitantes, le pidieron que hiciera el test de Stanford-Binet para medir su Coeficiente Intelectual (CI), que se administraba en un centro que elegía Columbia. Le adjunto el informe y los comentarios. El psicólogo comentó que su CI está bastante por encima de 160, pero que el test no medía por encima de 160. También comentó que Alexandre era sin duda el niño más brillante que él había examinado en su vida (el psicólogo ha examinado durante muchos años). No hace falta decir que continuará con el Programa a Distancia del Instituto Evan Thomas en cualquier circunstancia y que este nos parece el programa más importante con diferencia. Estamos convencidos que el CI es un resultado directo de sus técnicas y programas.

Por favor, acepte mi agradecimiento y mis mejores deseos para que su salud continúe bien y en la búsqueda de la comprensión y el desarrollo de los niños.

Nueva York, Nueva York.

Solo una pequeña nota informal para que sepa qué tal les va a alguno de «Sus niños». Realmente, quería utilizar nuestro ordenador con procesador de textos y la impresora, pero cuando me levanté para coger las fotografías, Alex se sentó en el ordenador y he tenido que arreglármelas con esta vieja máquina de escribir. Por favor, perdone si hay algún error.

La gran noticia es que Benjamin (de dos años y medio) lee de forma independiente, incluyendo libros que no había visto nunca. Por supuesto que no es ninguna sorpresa ni para nosotros ni para usted, pero todavía me emociona escucharlo cuando lee un cuento a su niñera (en vez de al revés) (fotos número 1 y 2).

Fotos número 3 y 4: Naturalmente, Alex, con cuatro años y medio quiere algo un poco más estimulante que *Los tres cerditos* de Benjamin. Aquí esta leyendo (por enésima vez) el *Libro de Geografía Nacional de Nuestro Mundo,* y estudiando con gran entusiasmo las explicaciones que hay al final del libro.

Número 5. Ben y Alex están ocupados en su trabajo: Alex escribe con un lápiz. Benjamin todavía no sabe escribir, pero eso le molesta un poco; ¡y usa mi máquina de escribir!

Número 6. Benjamin copia palabras de sus libros favoritos.

Número 7. Mientras Ben escribe a máquina, Alex se divierte con nuestro ordenador. El programa en particular con el que está trabajando está pensado para una edad de diez años en adelante. Le encantará saber que todo lo que hice fue cargar el disco para él, dejándole al cuidado de una niñera mientras fui a la compra. Cuando volví una hora más tarde, todavía estaba ocupado jugando con ese programa. Puesto que él solo había leído y comprendido las instrucciones, me lo pudo explicar y lo pasamos muy bien jugando juntos (desde Maine a California, donde uno tenía que responder preguntas acerca de los estados para avanzar hacia el oeste).

Número 8. Una imagen típica de Alex en su habitación. Como siempre, yo podría seguir contándole cosas de estos dos encantadores niños. Nos dan muchísima alegría, por no mencionar la cantidad de veces que nos dejan boquiabiertos, maravillados y llenos de curiosidad.

Por favor, dé recuerdos y mis mejores deseos a todo el personal, especialmente a Susan Aisen, que ha sido de gran ayuda a lo largo de los años.

¡Y ahora volvamos al trabajo usted y yo!

Madre profesional.
«(¡Que ha disfrutado de cada minuto!)»

Merion, Pensilvania.

He leído con gran interés su carta sobre cómo enseñar a leer a su bebé y la información ofrecida por la *Enciclopedia Británica* en su Programa de Lectura para un Bebé Mejor. Esto nos trajo muchos recuerdos agradables a mi marido y a mí y saqué su libro *Cómo enseñar a leer a su bebé,* y me di cuenta que la fecha era el 26 de octubre de 1964. En aquella época nuestro hijo, Keith, tenía 16 meses. Justo antes de hacernos con su libro habíamos leído un artículo que hablaba sobre su trabajo en Los Institutos para el Logro del Potencial Humano en este mismo tema. Con gran entusiasmo, mi marido y yo nos dispusimos a enseñar a leer a Keith. Hicimos nuestras tarjetas inicialmente —bastantes por cierto— y empezamos el programa cuando Keith tenía 17 meses. Los resultados fueron absolutamente «impresionantes».

Ahora Keith tiene 19 años, habiéndose graduado en la Universidad St. Francis como número uno de su promoción en Química y Biología con 15 años. Ha estudiado en la Universidad de Indiana la carrera de Medicina y Ciencias (una combinación de doctorado en Medicina y en Ciencias) y recibirá su doctorado dentro de un año (con 20 años); dos años después terminara su doctorado en Medicina y después hará la especialidad que elija.

Decir que nos hemos alegrado mucho de lo que Keith ha conseguido sería decir poco. No hay duda que su habilidad para leer temprano ha influido mucho en la mejora de su rendimiento a lo largo de los años; y por cierto, es una persona muy bien adaptada socialmente —nunca ha tenido ningún problema serio en el trato con sus compañeros, que siempre han sido de cinco a siete años más mayores que Keith. Sus compañeros de clase, profesores y demás personal académico siempre lo han aceptado bien.

Es un gran organista —habiendo construido un órgano de gran tamaño a los nueve años—, y también un gran guitarrista y cantante con su propio grupo de música folk en la iglesia católica de San Pablo en Bloomington (en el recinto de la Universidad de Indiana). El resumen biográfico adjuntado lo preparó Keith hace poco más de un año como actualización para una beca del Fondo de Seguros Médicos en el que ha participado desde que ha estado en la Facultad de Medicina de la Universidad de Indiana en Bloomington, Indiana.

A la vista de la evidente alegría y alivio que le producen las historias de éxito, para ayudar a eliminar su depresión quizá esta pueda iluminar su alma también.

Nos encantaría tener noticias suyas y, de alguna manera, usted puede que considere a Keith uno de sus productos. Estoy convencida, que lo pasaría bien si lo conociera algún día.

P.D. Keith destaca en su clase en la carrera de Medicina por cuarto año, obteniendo las notas más altas.

Ft. Wayne Indiana.

Yo sé que usted debe ser un hombre muy ocupado, pero espero que pueda ayudarme. Tengo una hija que ahora tiene 16 meses, y me encantaría poder enseñarla. Me doy cuenta de que ya es mayor para empezar con el programa, pero espero que si empiezo enseguida, ella aún se beneficiará.

He leído su libro *Cómo enseñar a leer a su bebé*, y acabo de empezar a enseñarle las palabras «Mamá» y «Papá». Ella ha escuchado discos de Suzuki* y música clásica desde que nació. Vivimos en Camerún, en África Central, y ha estado familiarizada con el francés, ya que este es un país de habla francesa y antigua colonia. No tenemos piscinas climatizadas, y la única de la que puedo disponer es de agua muy fría (aunque parezca mentira en África), razón por la cual no he podido enseñar a nadar a María, aunque se mete en el agua a ratitos, y está acostumbrada a que la sumerjan. Todavía toma el pecho y tiene una dieta muy nutritiva sin azúcar, aunque no ha tomado grandes dosis de vitaminas (aquí no se pueden encontrar). He pasado muco tiempo con ella y va adelantada en su desarrollo.

Algo que María sí tiene es cuatro hermanos mayores que la estimulan de muchas formas. Sus edades oscilan entre 7

---

* Suzuki fue un músico japonés creador del método que lleva su nombre. Este está orientado a la enseñanza de la música para niños y basado en el modelo de aprendizaje de la lengua materna. *(N. de los T.)*

y 12 años y son muy buenos con ella. Enseñé a la mayor a leer con tres años usando su libro, y es una lectora excelente y escribe bien. También enseñé a los otros a leer antes de que fueran al colegio y todos destacan en clase. Dos de los niños son adoptados, y por lo tanto tienen genes muy diferentes *.

Espero que pueda darme alguna pauta. Por supuesto que le pagaré todos los materiales que me envíe. Muchas gracias por su ayuda.

P.D. Olvidé mencionar que soy profesora del Método Suzuki (de violín) y enseño a mis cuatro hijos, puesto que aquí en ¡frica no hay profesores, por lo que estoy familiarizada con las teorías sobre el enorme potencial de los niños para aprender. ¿Hay ejercicios y actividades que pueda hacer para estimular el desarrollo físico y la coordinación?

C/o Departamento de Estado.

Hace trece años mi suegra me dio su libro *Cómo enseñar a leer a su bebé*. Ese libro está muy manoseado y las tarjetas parece que han estado en la guerra.

Mike, de 14 años, está en el Programa de Superdotados, preparado para Informática III sin haber tenido una educación formal y lee a una velocidad de 800 palabras por minuto.

Heather, de 12 años, tiene una puntuación de «solo» 89 en los tests ITBS, pero con 97 en vocabulario. Toca muy bien el piano y es la pianista de las reuniones de catequesis. También toca la viola y la flauta dulce. Tengo la sensación de

---

* G.D.

que ha superado los problemas de la lectura al enseñarla por mí misma.

Debi, de 10 años, también está en el Programa de Superdotados. Es artista, y solo le separa de un libro una palanca.

Crystal, de ocho años, es demasiado joven para el programa de superdotados, pero tuvo una puntuación de 99 en el ITBS, y está aprendiendo latín con gran facilidad.

A Sterling, de seis, le encantan los libros de Henry Huggins, los clásicos ilustrados y cualquier libro que tenga al alcance. El año pasado leyó algunas partes del diccionario.

Nuestra hija pequeña debería estar aquí el próximo mes.

Muchísimas gracias por su trabajo. Su primer libro ha marcado una gran diferencia en el mundo.

Cedar Rapids, Iowa.

Fui una de la primeras madres «Doman». En 1965 era una madre embarazada poco entusiasta hasta abril o mayo de ese año, cuando leí un artículo en *Ladies' Home Journal* titulado «Cómo enseñar a tu bebé a ser un genio». En el momento de leer ese artículo tuve como una revelación. Abrió un horizonte vasto y brillante, y no podía contener mis ganas de empezar a guiar a mi hijo por este maravilloso camino. Lo pasé muy bien haciendo las tarjetas de lectura, al descubrir que era algo relajante y sereno. Durante los primeros cuatro años de Heather, nos mudamos de Estados Unidos a Chile, Perú y Brasil, y allá donde íbamos nos acompañaban un buen montón de cartulina blanca y rotuladores rojos. Cuando se demoraban las entregas de nuestros enseres, escribía las palabras en el vapor de las ventanas o en la arena de la playa, y Heather era bilingüe en español e inglés, al que después se unió el francés en el primer grado en Canadá. ¡Cómo me hubiera gustado tener también el programa de matemáticas en aquella época!

Fui al colegio en Inglaterra hace casi 60 años, y mi marido lo hizo en Canadá y ninguno de los dos puede recordar a ningún niño que no pudiera leer independientemente de sus circunstancias económicas. Incluso en las casas más pobres (económicamente) había una tía soltera o una abuelita que se enorgullecían de enseñar a los niños sus «letras», como ellas decían. Recientemente, mi marido tuvo su primera experiencia con un chico de unos veintitantos años que había terminado sus estudios en el instituto y no sabía leer ni escribir. Verdaderamente, cuando me llegue la hora de enfrentarme con mi «Creador» y tenga que rendir cuentas, podré decir que mi mayor contribución fue enseñar a mi hijo a leer.

Por favor, envíeme dos copias de los materiales a la dirección que figura en la carta, así como a los padres de Christopher.

Mis mejores y más sinceros deseos para el trabajo continuo de Los Institutos, y mis más sentidas gracias por la apertura del maravilloso mundo de los niños.

Honolulú, Hawái.

10

Sobre la alegría

Creo que realmente nunca llegamos a conocernos hasta que jugamos al juego de aprender a leer.

MUCHAS, MUCHAS MADRES

DURANTE MUCHAS GENERACIONES los abuelos han advertido a sus hijos e hijas que disfrutaran de sus hijos porque, han observado, cuando menos se lo esperen sus hijos se habrán hecho mayores y se irán. Como muchas de las advertencias que se han transmitido de generación en generación, raramente se ha hecho caso de ellas hasta que han ocurrido. Cuando ocurren ya es, claro, demasiado tarde para hacer algo al respecto.

Es verdad que los padres de niños con lesión cerebral tienen problemas monumentales (y realmente es así), pero no es menos cierto que tienen ciertas ventajas que no tienen los padres de niños sanos. Una de las mayores ventajas es el hecho de tener una relación muy íntima con sus hijos. Por la naturaleza de su enfermedad a veces es agónica, pero también preciosa.

Recientemente, en un curso que impartimos a padres de niños sanos sobre cómo enseñar a leer a sus bebés, dijimos de pasada: «Y otra excelente razón para enseñar a leer a su bebé es que, en la relación tan cercana que se requiere, experimentaréis la gran alegría que los padres de niños con lesión conocen tan bien al tratar con sus hijos».

No fue hasta un poco después cuando nos dimos cuenta de las miradas de sorpresa que nuestros comentarios habían producido.

No es sorprendente que los padres de niños sanos no sean conscientes del hecho de que los padres de niños con lesión tengan algunas ventajas y no solo problemas. Sin embargo, es sorprendente que la gran mayoría de nosotros haya perdido la relación constante e íntima con nuestros hijos, que es tan importante con el futuro del niño y que tan placentera puede ser para nosotros.

Las presiones de nuestra sociedad y nuestra cultura nos han robado esto tan sutilmente que no hemos sido conscientes del hecho que se ha terminado, o quizá no hemos sido conscientes de que jamás haya existido.

Claro que existió, y merece la pena recuperarlo. Una de las formas que más satisfacción produce para recuperar esto es enseñar a leer a tu bebé.

Ahora que sabes cómo hacerlo, finalicemos recordando alguna que otra cosa —unas para que las hagas y otras para que no las hagas.

Empecemos con las que no hay que hacer.

No aburras a tu hijo

Es un pecado capital. Recuerda que el niño de dos años podría estar aprendiendo portugués y francés junto con el inglés que tan bien está aprendiendo. Así que no lo aburras con trivialidades y tonterías. Hay tres formas sencillas de aburrirlo. Huye de ellas como de la peste.

a) *Ir demasiado deprisa* lo aburrirá, porque si vas demasiado deprisa no aprenderá y él quiere aprender. (Esta es la forma menos probable de aburrirlo, puesto que muy poca gente va demasiado deprisa.)

b) *Ir demasiado despacio* lo aburrirá, porque aprenderá a un ritmo sorprendente. Mucha gente comete este pecado en un deseo de estar absolutamente segura que el niño conoce el material.

c) *Hacerle demasiados exámenes* es el pecado más probable y lo aburrirá con toda seguridad. A los niños les encanta aprender, pero no que les examinen. Esa es la razón principal por la que se crea una gran conmoción después de que haya superado el examen con éxito.

Hay dos factores aceleradores para examinar demasiado. El primero es el orgullo de los padres en presumir de las habilidades del niño frente a los vecinos, primos, abuelos, etc. El segundo factor es el puro deseo de los padres de estar *seguros* de que lee cada palabra perfectamente antes de pasar a la siguiente etapa. Recuerda que no estás dando a tu hijo educación universitaria, simplemente le estás brindando una oportunidad para que aprenda a leer. No es necesario demostrar al mundo que sabe leer. (Lo demostrará él solo posteriormente.) Sólo *tú*, o *vosotros,* necesitáis estar seguros, y los padres tienen un equipamiento especial e innato para conocer lo que sus hijos saben y no saben. Confía en ese equipamiento y en el buen juicio que se deriva de él. Ese equipamiento especial se compone de porciones iguales de cabeza y corazón, y cuando las dos están completamente de acuerdo alcanzas casi siempre un buen veredicto.

Será difícil que olvidemos una conversación con un eminente neurocirujano pediátrico que discutía el caso de un niño con lesión cerebral grave. El neurocirujano era un hombre cuyos instintos estaban basados en frías pruebas científicas.

Hablaba de un niño de 15 años con lesión cerebral grave, paralizado y sin habla, a quien se dio un diagnóstico de idiota. El doctor estaba furioso. «Miren a este niño», insistió él. «Se le ha diagnosticado como idiota simplemente porque tiene aspecto de idiota, actúa como un idiota y los tests del laboratorio indican que es un idiota. Cualquiera debería ser capaz de ver que no es un idiota.»

Hubo un largo silencio, embarazoso, y que de alguna forma cortaba el aire, entre los residentes, internos, enfermeras y terapeutas que formaban el equipo del neurocirujano. Por fin un residente, más valiente que los demás, dijo: «Pero, doctor, si todo indica que este niño es un idiota, ¿cómo sabe usted que no lo es?».

«Ay, Señor», gritó el cirujano científico, «mire a sus ojos, hombre, ¡no se necesita ninguna preparación especial para ver la inteligencia que brilla en ellos!».

Un año después tuvimos el privilegio de ver a ese niño caminar, hablar y leer para ese mismo grupo de gente.

Hay formas precisas para que los padres sepan lo que un niño sabe fuera del ámbito de los tests al uso.

Si se repite con demasiada frecuencia un examen que el niño ya ha aprobado, se aburrirá y contestará diciéndote que no lo sabe o dándote una respuesta absurda. Si le muestras al niño la palabra «pelo» y le preguntas demasiadas veces qué es, puede que te diga que es un «elefante». Cuando tu hijo contesta de esta manera, con su reprobación te está poniendo más derecho que una vela. Préstale atención.

No presiones a tu hijo

No le metas la lectura a la fuerza. No estés *determinado* a enseñarle a leer. No temas al fracaso. (¿Cómo vas a fracasar? Si solo aprende tres palabras, será mejor que si no sabe ninguna.) *No* debes darle la oportunidad de enseñarle a leer si a alguno de los dos no le apetece. Enseñar a leer a un niño es una cosa muy positiva y nunca debes hacerla negativa. Si el niño no quiere jugar en ningún momento durante el proceso de aprendizaje, déjalo durante una semana más o menos. Recuerda que tienes todo que ganar y nada que perder.

No estés tenso

No estás relajado, no juegues intentando disimular tu tensión. Un niño es el instrumento más sensible que te puedas imaginar. Él sabrá que estás tenso y eso sutilmente le transmitirá desagrado. Es mucho mejor perder un día o una semana. Nunca trates de engañar al niño. No te saldrá bien.

No le enseñes el abecedario lo primero

A menos que tu hijo ya haya aprendido el abecedario, no se lo enseñes hasta que haya terminado de leer su primer libro. Hacer esto tenderá a hacerlo un lector más lento de lo que en realidad puede ser. Tenderá a leer las letras en lugar de las palabras. Recuerda que son las palabras y no las letras las unidades básicas del lenguaje. Si ya se sabe el abecedario, todavía puedes enseñarle a leer. Los niños son maravillosamente moldeables.

Esto más o menos resume las cosas que no deberías hacer.

Ahora echemos un vistazo a las cosas que deberías hacer, porque son incluso más importantes.

Sé alegre

Hemos dicho antes en este libro que miles de padres y científicos han enseñado a leer a los niños y que los resultados han sido espléndidos.

Hemos leído acerca de esta gente, nos hemos escrito con muchos de ellos y hemos hablado con muchos de ellos. Hemos descubierto que los métodos que emplean han variado totalmente. Han usado materiales que van desde el lápiz y el papel a máquinas científicas complejas que cuestan más de un tercio de millón de dólares. Sin embargo, y de manera significativa, hemos aprendido que en cada uno de los métodos había tres cosas en común y que son de la máxima importancia.

a) Cada uno de los métodos de enseñanza de la lectura a bebés fue un éxito.

b) En todos se usaban letras grandes.

c) Todos hacían hincapié en la necesidad absoluta de sentir y expresar alegría durante el proceso.

Los dos primeros puntos no nos sorprendieron en absoluto, pero el punto tercero nos dejó atónitos.

Se debe recordar la gran cantidad de gente que estaba enseñando a leer a sus bebés que no era consciente de los demás que también lo hacían y que a menudo pertenecían a generaciones diferentes.

No se trata de una coincidencia que todos llegasen a la conclusión de que a los niños se les debería recompensar por su éxito con abundantes halagos. Habrían tenido que llegar a esa conclusión antes o después.

Lo que resulta verdaderamente impresionante es que personas trabajando en 1914, 1918, 1962 y 1963 y en otras épocas y en otros lugares remotos, hayan llegado a la conclusión de que esta actitud se debería resumir en una única e idéntica palabra: *alegría*.

Casi en la misma proporción en que la actitud de un padre sea alegre se producirá el aprendizaje de la lectura en su niño.

Tuve una fuerte tentación de titular este capítulo «Las rubias tontas», y de él se desprende un breve pero importante cuento.

A lo largo de los años, nosotros en Los Institutos hemos desarrollado un gran respeto por las madres. Como la mayoría de la gente, hemos cometido el error de hacer generalizaciones fáciles y, por lo tanto, hemos dividido, aunque sólo sea por conveniencia, a las miles de madres con quienes hemos tenido el privilegio de tratar en dos categorías. La primera categoría es un grupo relativamente pequeño de madres muy intelectuales, de educación superior, muy tranquilas, muy serenas, y generalmente, pero no de forma invariable, inteligentes. A este grupo lo hemos llamado «las intelectuales.» El segundo grupo es con diferencia el más grande e incluye a casi todas las demás. Aunque estas mujeres son a menudo inteligentes, tienen una cierta inclinación a ser menos intelectuales y muchísimo más entusiastas que las del primer grupo. A este grupo de madres lo hemos llamado «las rubias tontas», que refleja su entusiasmo y no el color de su pelo o su inteligencia. Como todas las generalizaciones, la anterior no se sostiene, pero con ella se hace rápidamente un agrupamiento.

Cuando al principio nos dimos cuenta de que las madres podían enseñar a leer a sus bebés y que esto era algo bueno, nos dijimos unos a otros: «espera a que las madres se enteren de esto». Anticipamos correctamente que todas nuestras madres estarían encantadas y que se lanzarían a entrar en el proceso con entusiasmo.

Llegamos a la conclusión de que la gran mayoría de las madres tendrían éxito al enseñar a leer a sus niños, pero predijimos que el pequeño grupo de intelectuales disfrutaría incluso de mas éxito que el de «las rubias tontas.»

Cuando los resultados de los primeros experimentos empezaron a llegar, se demostró que había sucedido casi exactamente lo contrario a lo que habíamos previsto. Todos los resultados posteriores confirmaron y reconfirmaron nuestros descubrimientos iniciales.

Todas las madres habían tenido éxito más allá de nuestras expectativas iniciales, pero «las rubias tontas» estaban muy por delante de las intelectuales, y cuanto más tonta era la madre más logros conseguía.

Cuando examinamos los resultados, observamos el proceso, escuchamos a la madre y pensamos en ello durante un rato, las razones de todo el proceso se mostraron evidentes.

Cuando la madre callada y seria pedía a su niño que leyera una palabra o una frase, y el niño lo hacía bien, la madre intelectual tendía a decir: «Espléndido, María, ahora ¿cuál es esta palabra?».

Por otra parte, las madres que lo hicieron con sus hijos de forma menos intelectual estaban mucho más inclinadas a gritar: «¡Hala! ¡Eso está fenomenal!», cuando el niño lo hacía bien. Esas eran las madres que mostraban con su voz, movimientos y emociones su deleite por el éxito del niño.

De nuevo la respuesta era sencilla. Los niños pequeños comprenden, aprecian y se emocionan mucho más con «¡Hala!» que con palabras de elogio más cuidadosamente seleccionadas. A los niños les encantan las celebraciones —así que dales lo que quieren. Ellos se lo merecen, y tú también.

Hay muchísimas cosas que nosotros los padres *debemos* hacer por nuestros hijos. Debemos preocuparnos por todos sus problemas, los que son muy serios que suceden a veces y los incontables pequeños problemillas. Tanto los niños como nosotros merecemos algo de alegría, y eso es justamente lo que significa enseñarles a leer: una alegría.

Pero si la idea de enseñar a tu hijo a leer no te apetece, no lo hagas. Nadie debería enseñar a su hijo a leer para que no se quede por detrás de los vecinos. Si te sientes así, serás un mal profesor. Si quieres hacerlo, entonces hazlo porque quieres; esa es una espléndida razón.

Si queremos tratar con todos los problemas que tienen nuestros hijos, entonces deberíamos también disfrutar de los placeres que los acompañan en lugar de trasladar semejantes oportunidades de felicidad a los extraños. Qué gran privilegio para un niño es abrir una puerta que encierra detrás de ella todas las palabras sagradas de lo emocionante, lo espléndido y lo curioso que contienen los libros de el idioma materno. Eso es demasiado bueno para que lo haga un extraño. Ese agradable privilegio debería estar reservado para Mamá o Papá.

Sé creativo

Hace mucho aprendimos que si les dices a las madres cuál es el objetivo en cualquier proyecto relacionado con sus hijos, y les cuentas en general cómo hacerlo, te puedes dejar de preocupar en ese preciso momento. Los padres son extraordinariamente creativos, y mientras conozcan sus límites, se les ocurrirán métodos mejores que los que se les ha dicho que usen.

Cada niño comparte muchas características con otros niños (y la más importante es la habilidad para aprender a leer a una edad muy temprana), pero cada niño también es en gran medida un individuo. Es un producto de su familia, de su vida y de su casa. Porque todos son diferentes, hay muchos pequeños juegos que Mamá puede inventarse y se inventará para hacer el aprendizaje de la lectura para su hijo más divertida. Sigue las normas, pero ten iniciativa y añade cosas que sabes que funcionarán especialmente bien con tu hijo. No tengas miedo en manejarte dentro del marco general de normas que hemos establecido aquí.

Responde a todas las preguntas del niño

Tendrá mil preguntas. Respóndelas seriamente y con toda la precisión que puedas. Abriste una gran puerta cuando le enseñaste a leer. No te sorprendas de la gran cantidad de cosas que le interesarán. La pregunta más normal que le oirás de ahora en adelante es: «¿Qué palabra es esta?». Así es como aprenderá a leer todos los libros a partir de ahora. Siempre dile qué palabra es. Su vocabulario básico de lectura crecerá muy deprisa si lo haces.

Dale material valioso de lectura

Hay tantas cosas magníficas que leer que se debería dedicar muy poco tiempo a lo intrascendente.

Quizá lo más importante por encima de todo es que leer te brinda la oportunidad de pasar más tiempo en un contacto con tu hijo más personal, cercano e intrigante. Aprovecha todas las oportunidades que tengas para estar con tu hijo. La vida moderna ha tendido a separar a las madres de sus hijos. Esta es una oportunidad perfecta para estar juntos. El amor mutuo, el respeto y la admiración que se producirán —incrementándose— a través de ese contacto vale mucho, mucho más que el poco tiempo que tendrás para estar con él.

Parece que merece la pena terminar especulando brevemente en lo que todo esto podría significar para el futuro.

A través de la historia el hombre ha tenido dos sueños. El primero de esos sueños, y el más sencillo, ha sido cambiar el mundo que lo rodeaba para mejor. Hemos tenido un gran éxito en esto. A principios de siglo el hombre no podía viajar más deprisa que a 160 kilómetros por hora. En la actualidad es capaz de volar por el espacio a más de 26.000 kilómetros por hora. Hemos desarrollado medicinas milagrosas que duplicarán el promedio de vida del hombre. Hemos aprendido a proyectar nuestras voces e imágenes por el espacio en radio y televisión. Nuestros edificios son verdaderos milagros de altura, belleza, calor y comodidad. Hemos cambiado el mundo a nuestro alrededor extraordinariamente.

Pero, y el hombre ¿qué? Vive más porque ha inventado mejores medicinas. Es más alto porque los medios de transporte que ha inventado le proporcionan desde lugares lejanos una mayor variedad de comida y por lo tanto de nutrición.

Pero ¿el hombre está mejor? ¿Hay hombres de mayor genio imaginativo que Da Vinci? ¿Hay mejores escritores que Shakespeare? ¿Hay hombres con mayor visión y un conocimiento más extenso que Franklin y Jefferson?

Desde tiempos inmemoriales ha habido hombres que han ayudado a conseguir el segundo sueño. Durante años y años algunos hombres se han atrevido a hacer la pregunta: «¿Pero y el hombre qué?». Puesto que el mundo que nos rodea crece cada día de forma más increíblemente compleja, tenemos la necesidad de una nueva, mejor y más inteligente clase de hombre.

La gente, por pura necesidad, se ha vuelto más especializada y detallista. Ya no hay tiempo suficiente para aprenderlo todo. Sin embargo, tenemos que encontrar maneras de afrontar esta situación, dar a más gente la oportunidad de adquirir la tremenda cantidad de conocimiento que el hombre ha acumulado.

No podemos resolver este problema yendo al colegio para siempre. ¿Quién dirigirá el mundo o llevará el pan a casa?

Hacer que el hombre viva más en realidad no ayuda a resolver este problema en particular. Si incluso un genio como Einstein hubiera vivido cinco años más, ¿habría contribuido mucho más al conocimiento del mundo? Es poco probable. La longevidad no contribuye a la creatividad.

La respuesta a este problema puede que ya se te haya ocurrido. Supón que a más niños se les introduzca en el gran almacén del conocimiento acumulado por el hombre cuatro o cinco años antes de lo que se hace ahora. Imagina el resultado si Einstein pudiera haber tenido cinco años más de vida creativa. Imagina lo que podría ocurrir si los niños pudieran empezar a asimilar la sabiduría y el conocimiento del mundo años antes de lo que se les permite ahora.

Qué raza y qué futuro no produciríamos si pudiéramos parar la trágica pérdida de la vida de los niños cuando su habilidad para adquirir el lenguaje en todas sus formas está en su cenit.

Ciertamente ya no es una cuestión de si los niños pequeños pueden leer o no, es solo una cuestión de qué van a leer. La verdadera cuestión, suponemos, ahora que el secreto se ha revelado y todo eso, es otra. Ahora que los niños pueden leer y de ese modo incrementar su conocimiento, quizá más allá de los sueños más ambiciosos que se le puedan ocurrir a una persona, ¿qué harán con este viejo mundo y cómo serán de tolerantes con nosotros, sus viejos padres, a quienes de acuerdo con su capacidad puede que consideren buena gente, pero quizás no muy brillantes?

Se dijo hace mucho, y muy sabiamente, que la pluma es más fuerte que la espada. Debemos, pienso, aceptar la creencia de que el conocimiento conduce a una mayor comprensión y de este modo a un mayor beneficio, mientras que la ignorancia conduce inevitablemente al mal.

Los niños pequeños han empezado a leer y de este modo a incrementar su conocimiento, y si este libro hace que solamente un niño lea más temprano y mejor, entonces el esfuerzo habrá merecido la pena. ¿Quién sabe lo que otro niño superior significará para el mundo? ¿Quién sabe lo que al final será la suma total del bien para el hombre como resultado de esta tranquila marejada que ya ha comenzado, esta Revolución Pacífica?

Agradecimientos

NADIE nunca escribe un libro solo; detrás de cada trabajo se encuentra una larga lista de personas que lo hicieron posible. En el pasado inmediato estas personas están en primera fila, pero a medida que se desciende en la lista la imagen de aquellos que contribuyeron se hace más débil y finalmente queda totalmente oscurecida por la niebla del tiempo. A otros ni se los menciona, pues muchos de los que han contribuido a una idea han pasado a la total oscuridad.

Con toda seguridad, la línea descendente de este trabajo retrocede en el tiempo hasta el olvido y debe incluir a aquellos que contribuyeron siquiera con una frase suelta o una idea que ayudó a completar el puzzle. Finalmente, incluye a un montón de madres que sabían en sus mentes y en sus corazones que sus hijos podían hacer más de lo que el mundo creía que era posible.

Resumiendo, además de aquellos a quienes se da aquí un agradecimiento de forma individual, deseo mostrar mi agradecimiento a todos aquellos que a lo largo de la historia han creído apasionadamente a ciegas que los niños en el fondo eran bastante superiores a la imagen que nosotros los adultos hemos mantenido.

Entre estos muchos agradezco a:

Doctor Temple Fay, catedrático de Neurocirugía, que tenía una curiosidad monumental y una habilidad única para cuestionarse si las «verdades» aceptadas eran verdad o no, y que nos encendió la mecha que dio lugar a este fuego.

Mary Blackburn, la eterna secretaria, que vivió para los niños de la Clínica y que, puede decirse, murió por ella.

El doctor Eugene Spitz, neurocirujano pediátrico, que cree que «no hay un acto más radical que el de ver morir a un niño, sabiendo que va a morir, y no hacer nada para evitarlo». Él ha hecho mucho por eso.

El doctor Robert Doman, fisioterapeuta infantil y director médico de Los Institutos para el Logro del Potencial Humano, que quería que mirásemos a cada niño como un ser único.

El doctor Raimundo Veras, fisioterapeuta brasileño, que regresó para enseñar a los que enseñan.

El doctor Carl Delacato, director del Instituto de Desórdenes de la Lectura, que siempre nos mantuvo conscientes de los niños.

El doctor Edward B. LeWinn, director del Instituto de Investigación, que insistió en que observáramos el líquido cerebroespinal para la evidencia que necesitábamos.

Florence Scott, enfermera, que tanto se preocupó por los niños, a los que hablaba de una forma única.

Lindley Boyer, director del Centro de Rehabilitación de Filadelfia, que nunca dejó de empujar para que consiguiéramos hacer nuestro trabajo.

Greta Erdtmann, secretaria ejecutiva, que permitió que me recluyera cuando lo necesitaba.

Betty Milliner, cuyo trabajo era emocionante.

Detrás de todo este equipo han estado aquellos que nos cuidaron y apoyaron en los días de búsqueda y oscuridad.

Helen Clarke, Herbert Thiel, Dora Kline Valentine, Gene Brog, Lloyd Wells, Frank McCormick, Robert Magee, Hugh Clarke, Gilbert Clarke, Harry Valentine, Edward y Dorothy Cassard, el general Arthur Kemp, Hannah Cooke, Frank Cliffe, Chatham Wheat, Anthony Flores, Trimble Brown, el adjunto al general de Pennsylvania Thomas R. White hijo, Edward y Pat O'Donnell, Theodore Donahue, Harold McCuen, John y Mary Begley, Claude Cheek, Martin Palmer, Signe Brunnstromm, Agnes Seymour, Betty Marsh, el doctor Walter McKinney, el juez Summerill, George Leyrer, Raymond Schwartz, Ralph Rosenberg, Charlotte Kornbluh, Alan Emlen, David Taylor, Brooke Simcox, William Reimer, Emily Abell, Doris Magee, Joseph Barnes, Norma Hoffman, Tom y Sidney Carroll, Bea Lipp, Miles y Stuart Valentine, Morton Berman, John Gurt y un montón más.

El Consejo Médico de Consulta que, sin excepción, apoyó el trabajo. Los siguientes médicos, que han contribuido y apoyado el trabajo de todo corazón.

El doctor Thaine Billingsley, el doctor Charles De Leone, el doctor Paul Dunn, el doctor David Lozow, el doctor William Ober, el doctor Robert Tentler, el doctor Myron Segal y el doctor Richard Darnell.

Mis hijos, Bruce, Janet y Douglas, que han contribuido de forma material y con su inspiración a este libro.

Robert Loomis, mi editor, que me aguantó con mucho tacto y paciencia.

Y, por último, agradezco a esos soberbios profesores, los niños, que me han enseñado casi todo, especialmente a Tommy Lunski y a Walter Rice.

En Europa:

Istituti per il Raggiungimento del Potenziale Umano®, Europa (O.N.L.U.S.)
Via delle Colline di Lari, 6
56043 Fauglia (PI), Italia
Teléfono: (0039) 050-650 237
Fax: (0039) 050-659 081
Correo Electrónico: Info@irpue.it
Sitio de Internet: www.irpue.it / www.iahp.org

En México:

Los Institutos para el Logro del Potencial Humano®, Oficina Latinoamérica, A.C.
Sierra Hermosa, 326 -Los Bosques
Aguascalientes, Ags. 20120 México
Teléfono: (52-449) 996-0945
Fax: (52-449) 996-0944
Correo Electrónico: latinoamerica@iahp.org
                    atencion_familias@iahp.org
Sitio de Internet: www.iahp.org

En EE.UU.

The Institutes for the Achievement of Human Potential® (Los Institutos para el Logro del Potencial Humano)
8801 Stenton Avenue
Wyndmoor, PA 19038 EE.UU.
Teléfono (EE.UU.): +1 (215) 233 2050
Fax (EE.UU.): (215) 233 9646
Correo electrónico: institutes@iahp.org
Sitio de Internet: www.iahp.org

Si desea más información sobre estos libros, póngase en contacto con:

The Gentle Revolution Press™
8801 Stenton Avenue
Wyndmoor, PA 19038 (EE.UU.)
Teléfono: (+1) 215-233-2050, Extensión: 2525
Fax: 215-233-1530
Línea gratuita: (+1) 866-250-2229
Correo electrónico: order@gentlerevolution.com
Sitio de Internet: www.gentlerevolution.com